AF344798

GIACOMO BRUNO

SEDUZIONE

Tecniche di comunicazione e seduzione rapida per ogni sesso

Titolo

"SEDUZIONE"

Autore

Giacomo Bruno

Editore

Bruno Editore

Sito internet

http://www.brunoeditore.it

Tutti i diritti sono riservati a norma di legge. Nessuna parte di questo libro può essere riprodotta con alcun mezzo senza l'autorizzazione scritta dell'Autore e dell'Editore. È espressamente vietato trasmettere ad altri il presente libro, né in formato cartaceo né elettronico, né per denaro né a titolo gratuito. Le strategie riportate in questo libro sono frutto di anni di studi e specializzazioni, quindi non è garantito il raggiungimento dei medesimi risultati di crescita personale o professionale. Il lettore si assume piena responsabilità delle proprie scelte, consapevole dei rischi connessi a qualsiasi forma di esercizio. Il libro ha esclusivamente scopo formativo.

Sommario

Introduzione

Seduttori si diventa. Questa è una certezza che ho acquisito nel corso degli ultimi 15 anni trascorsi a migliorare la mia abilità di comunicare e relazionarmi con gli altri. Studi, specializzazioni, anni di esperienza: la seduzione è un'arte che si impara e che si può insegnare. Quello che trovi in queste pagine è quanto di più prezioso possa esserci nella vita privata di ognuno di noi. Strategie per migliorare il tuo carisma, la tua comunicazione, la tua capacità di persuadere gli altri, la tua motivazione e la tua autostima. In questi anni ho insegnato ad oltre 10.000 persone a migliorare la qualità della propria vita, attraverso relazioni più profonde e un'accresciuta sicurezza interiore. Questo libro è un veicolo importante per aiutarti a comprendere come funzionano veramente i rapporti umani, sia da un punto di vista psicologico che da un punto di vista prettamente pratico. E' molto di più di un semplice manuale di seduzione: è una vera e propria enciclopedia della crescita personale, che dalla seduzione passa alla comunicazione. Affinché tu possa conquistare non solo il partner dei tuoi sogni, ma anche i tuoi amici e tutti i tuoi conoscenti. Un libro dedicato tanto ai single che devono ancora trovare l'anima gemella, quanto a chi quell'anima gemella l'ha già trovata: perché è anche nel matrimonio o in una relazione già consolidata che bisogna continuare a sedurre il proprio partner, tenendo sveglie le emozioni come fosse il primo giorno.

Seguimi attentamente in questo viaggio, rileggi il libro più e più volte finché non avrai assorbito ogni singola idea. Ogni capitolo ti guiderà, giorno dopo giorno, a conoscere meglio te stesso e le tue abitudini: scoprirai il tuo potere personale, i segreti della persuasione ipnotica, come rendere efficace la tua comunicazione e come entrare in sintonia con chiunque in qualsiasi contesto. Imparerai anche le più efficaci strategie per conquistare un uomo o una donna, affascinando con il tuo carisma e la tua leadership personale. Scoprirai e acquisirai quell'atteggiamento mentale che è proprio dei più grandi seduttori di tutti i tempi.

Il mio obiettivo è guidarti a conoscere meglio te stesso, ad amarti di più e farti amare dagli altri. Ci puoi riuscire a qualsiasi età e quale che sia la tua attuale condizione. La realtà è una sola: sei solo tu l'artefice del tuo destino e da oggi puoi vivere la vita che hai sempre desiderato. Buona lettura!

Giacomo Bruno

Giorno 1: Potere Personale

1.1 – Seduttori si diventa

Conquistare la persona che desideriamo in poco tempo? Questo non solo è possibile, è anche facile e divertente, tanto più perché non è necessario altro che attingere a capacità di cui siamo già in possesso. L'unico sforzo che dobbiamo fare è trovarle dentro di noi e tirarle fuori con fiducia e determinazione.

L'avere carisma, l'essere intriganti ed ammaliatori, il magnetismo e il fascino sono tutte caratteristiche che hanno poco a che spartire con la bellezza fisica, con il denaro, con la posizione sociale. Sono piuttosto le capacità comunicative a rappresentare le carte vincenti dei migliori maestri nella storia della seduzione. Tanto è vero che gli assi nella manica dei grandi seduttori, da Casanova a Don Giovanni, non rientrano affatto nella sfera dei tratti estetici, ma sono più che altro da ricondurre alla loro competenza e maestria sotto il profilo comunicativo. In poche parole è tutta questione di *potere personale*: credere in se stessi, conoscere i propri valori e obiettivi, sapere dove si sta andando, saper comunicare agli altri la propria identità e la propria missione. Chiunque di noi, anche se non avvantaggiato da una particolare avvenenza estetica, può apprendere ed acquisire specifiche strategie di comunicazione e di comportamento, migliorando in modo sostanziale le proprie abilità di conquistatore. Basta allenarsi in modo costante nell'applicazione di questi modelli e verificheremo ben presto una facilità e naturalezza insperate nel creare nuove relazioni sociali.

Avere il conto in banca di Bill Gates, essere belli come Brad Pitt o Sharon Stone, guidare una sfavillante Ferrari: è fin troppo semplice credere che siano queste le qualità che servono per sedurre una persona. E' facile attrarre se si hanno a disposizione queste armi: possono funzionare, certo, ma sono questi oggetti a sedurre, e non le persone che li posseggono. Ed un rapporto basato sull'attrazione dei beni materiali non ha nulla a che vedere con la capacità del buon seduttore.

In realtà l'individuo non cerca i soldi, né la bellezza, né i beni materiali; cerca la *soddisfazione dei propri valori*, soddisfazione che si realizza vivendo specifici stati d'animo. La chiave della seduzione sta proprio qui: se riusciamo a soddisfare le esigenze emotive di una persona, rappresenteremo per lei l'appagamento delle sue necessità emozionali e, di conseguenza, instaureremo una vera dipendenza nei nostri confronti. In questo modo finirà, nel giro di poco tempo, con il perdere la testa per noi.

In quanti film romantici la protagonista si innamora di una persona qualunque, piuttosto che del belloccio facoltoso e circondato dal lusso? E non fa che ripetere quanto si senta ricca, proprio come se vivesse in un lussuoso appartamento pieno di oggetti ed accessori costosi. Insomma, se non possiamo comprare una Ferrari per sedurre una persona, possiamo farla salire sulla nostra auto e farla sentire proprio come se stesse su un'auto di lusso: dobbiamo solo modificare il suo *stato d'animo*, le emozioni interiori che lei prova salendo in macchina accanto a noi.

Immaginiamo di dover vendere una casa. Abbiamo di fronte una coppia appena sposata che sta visitando le stanze, il soggiorno, lo splendido e luminoso terrazzo. Già immaginano le feste che potranno organizzare con gli amici e le divertenti serate a base di carne alla griglia e vino rosso. Così come le romantiche cenette a lume di candela nelle quali si doneranno il loro amore. E allora cosa stiamo vendendo noi, delle mura su un terreno? O non stiamo forse vendendo emozioni? Certamente le seconde!

Il punto centrale dunque, la cosa più importante al riguardo, è determinare in quale stato d'animo le persone finiscono con l'innamorarsi e con il sentirsi attratte in modo naturale. Hanno bisogno di provare passione, attrazione, eccitazione? Oppure divertimento? Bisogna solo capirlo e riuscire ad instaurare in loro questi stati emotivi.

Riuscire a farlo è molto più semplice di quanto non si pensi: come vedremo più chiaramente nelle prossime pagine, ognuno di noi è infatti in grado di rievocare qualunque stato d'animo desideri, semplicemente attraverso un uso sapiente delle parole e della comunicazione.

1.2 - Jukebox mentale

Spesso si paragona la mente umana ad un computer in cui sono installati quei programmi grazie ai quali funzionano tutti gli apparati e gli elementi del corpo umano. Proviamo invece ad utilizzare una metafora diversa: proviamo a pensare alla mente umana come ad un *jukebox*, un contenitore di dischi musicali e di canzoni. Allo stesso modo infatti la mente tende a trattenere ed immagazzinare ad un livello inconscio tutti i ricordi e tutte le esperienze che ognuno di noi vive, proprio come se fossero delle canzoni, milioni di canzoni.

Con il *jukebox*, quando più ci piace, possiamo scegliere un titolo tra i tanti disponibili, selezionarne il relativo pulsante e aspettare che la macchina musicale lo prelevi tra tutti quelli contenuti, lo posizioni sotto la puntina e lo faccia girare. E a noi non resta che ascoltare la canzone.

Allo stesso modo, come nel caso delle nostre canzoni preferite, possiamo accedere ai nostri ricordi più belli, più emozionanti o utili in una data situazione, quando più lo desideriamo. Cosa che vale, purtroppo, anche nel caso dei ricordi che invece preferiremmo dimenticare. Per farlo dobbiamo solo ricorrere a specifiche ed apposite modalità: così facendo avremo la possibilità di accedere, quando ne abbiamo voglia o necessità, a stati d'animo positivi, allegri, emozionanti, e quindi potenzianti, vissuti in precedenza.

Uno di questi metodi è noto con il nome di *ancoraggio*. In pratica attraverso la tecnica dell'ancoraggio possiamo risalire ad uno stato d'animo, ricordandolo e quindi rivivendolo nel presente, direttamente a partire da uno stimolo cui lo abbiamo legato, stimolo che può essere delle più svariate nature. Ad esempio possiamo associare un momento di grande sicurezza al gesto di stringere con forza il pugno: in questo modo, ogni volta che avremo bisogno di un po' di carica, ci basterà ripetere il gesto del pugno per rivivere istantaneamente quelle emozioni ad essa associate.

L'importante è saper chiedere il disco più adatto rispetto alle varie situazioni che viviamo. Una canzone che sia allo stesso tempo sentimentale e dotata anche di un ritmo allegro e dinamico, non sarebbe molto efficace: sono due generi difficilmente compatibili. Ci vuole dunque un po' di attenzione e precisione. Altra condizione da rispettare per poter utilizzare il nostro *jukebox* mentale delle emozioni e dei ricordi è che dobbiamo aver vissuto in prima persona l'esperienza cui si riferisce il disco. Se non abbiamo mai vissuto quella data esperienza, non possiamo richiamarla alla memoria per utilizzarla nel presente come supporto potenziante o per rifornirci di nuova energia.

Alla luce di questa condizione, è evidente quanto sia importante e necessario allargare i nostri orizzonti, vivere in modo pieno, accumulando il maggior numero di esperienze possibili. In questo modo amplieremo sia il cerchio delle nostre conoscenze, arricchendoci come persone grazie al confronto con realtà diverse dalla nostra, sia la nostra *mappa*, ovvero quegli schemi interpretativi con cui cataloghiamo e diamo senso al mondo che ci circonda.

Esiste tuttavia un piccolo espediente, da utilizzare nei casi in cui non possiamo proprio fare a meno di un'esperienza che non abbiamo ancora vissuto: possiamo usare un po' di immaginazione e cercare di visualizzare quell'esperienza, visto che non ci siamo mai concretamente confrontati con essa. *Visualizzare* significa creare nella nostra mente dei veri e propri filmati molto particolareggiati e realistici: in questo modo il nostro cervello non riuscirà a distinguere facilmente la realtà vissuta davvero dalla realtà che abbiamo solo costruito con la nostra immaginazione. Per questo la situazione visualizzata è comunque utile per avere un'influenza concreta nella realtà e per realizzare davvero l'evento che avevamo solo immaginato.

Facciamo un esempio attinente con il tema centrale di queste pagine, la seduzione. Mettiamo il caso di non essere ancora riusciti a sedurre la persona che ci interessa e che stiamo tentando di conquistare, il nostro cosiddetto *"potenziale partner"* (d'ora in avanti ci riferiremo a questo termine neutro per indicare sia un uomo che una donna). Prima di incontrarlo proviamo a visualizzare il nostro appuntamento. Immaginiamoci con il potenziale partner, in splendida forma, mentre lo affasciniamo, parlandogli in modo seducente. Dobbiamo pensare a tutto nei minimi particolari, magari ricollegandoci a situazioni simili in cui ci siamo trovati con altri partner. I nostri sguardi, i gesti che facciamo, il modo in cui questa persona reagisce alle nostre parole e finalmente cede alla nostra corte. Così facendo riusciremo a creare una ottima base per la nostra reale vittoria seduttiva.

Quella di cui abbiamo appena parlato è la cosiddetta *visualizzazione*, una delle tecniche di cambiamento e potenziamento personale più potenti ed efficaci. Il potere delle visualizzazioni è davvero molto vasto perché ci consente di creare, con la semplice immaginazione, un disco per il nostro *jukebox* mentale con tutti i contenuti che desideriamo.Alcuni esperimenti scientifici lo dimostrano chiaramente. Uno dei più sorprendenti è stato condotto su un diverso numero di atleti, suddivisi in due gruppi. Una parte dei soggetti sono stati allenati attraverso una serie di esercizi fisici molto duri e faticosi; gli altri atleti invece dovevano allenarsi in modo solo immaginario, con esercizi a livello puramente mentale. Dopo alcune settimane vennero registrati i risultati sportivi dei due gruppi: quelli ottenuti dagli atleti allenati a livello mentale furono praticamente identici al gruppo di chi si era allenato in modo tradizionale, trascorrendo settimane di intensissimo lavoro fisico. Quanto conta allora l'immaginazione e quanto è grande l'influenza della mente?

Un ulteriore esperimento è stato condotto su alcuni studenti: suddivisi a metà, vennero assegnati a due diversi insegnanti. Al professore del primo gruppo fu detto che si trattava di ragazzi particolarmente dotati, dei geni. All'altro fu detto invece che avrebbe dovuto domare un gruppo di ragazzi indisciplinati e dalle ridotte capacità intellettive. Quale pensiamo che sia stato il risultato nel caso dei due gruppi? Il primo gruppo di studenti confermò doti intellettuali brillanti e facilità di apprendimento, al contrario del secondo, i cui risultati furono piuttosto scadenti. Quindi le diverse convinzioni degli insegnanti furono determinanti: il risultato infatti non dipendeva dal fatto che i primi fossero realmente dei geni o i secondi realmente meno intelligenti, ma piuttosto dalle differenti credenze degli insegnanti. In base ad esse i due si erano comportati in un modo particolare che aveva influenzato la reazione dei ragazzi. Il primo li aveva trattati da geni, trasmettendo loro tanta sicurezza, rispiegando con molta disponibilità e in modo più comprensibile le lezioni che loro non capivano. D'altra parte erano dei geni e quando non capivano, sicuramente la colpa non era loro, piuttosto sua. Al contrario, il secondo insegnante non rispiegava mai una lezione: sarebbe stato solo tempo perso, visto che aveva a che fare con studenti in apparenza piuttosto lenti; quindi procedeva con il suo programma senza preoccuparsi del loro livello di apprendimento. Di conseguenza, a poco a poco, i suoi studenti cominciarono davvero a pensare di non essere bravi e l'insegnante trovò così la conferma di quello che gli avevano premesso sui suoi ragazzi. In definitiva, ciò in cui si crede tende a realizzarsi sempre.

Anche il cosiddetto "effetto placebo", proprio della scienza medica, è la prova di quanto sia forte il potere della mente e delle nostre convinzioni, persino nella guarigione da alcune malattie. Semplici pasticche di zucchero a volte si sono rivelate efficaci al pari di antibiotici o medicine specifiche, se al paziente cui erano somministrate veniva detto trattarsi dell'ultimo ritrovato scientifico in fatto di guarigione. Incredibile, ma vero.

Allo stesso modo si può verificare l'effetto opposto, definito "nocebo": se ad esempio dopo un pranzo fra amici, uno dei commensali si sente male e qualcuno tra loro suppone che la causa sia da attribuire alle pietanze mangiate durante il pasto, sarà facile che anche altre persone comincino a sentirsi male, accusando gli stessi sintomi. La suggestione insomma, ciò in cui si crede, è spesso più potente di qualsiasi altra medicina.

Alcuni anni fa, Richard Bandler, uno dei fondatori della Programmazione Neuro-Linguistica, voleva addirittura commercializzare le "pillole di placebo", presentandole come la prima medicina al mondo per la cura di qualsiasi malattia e priva di qualunque effetto collaterale. Un'idea niente male, che sicuramente avrebbe guarito moltissime persone dalle più comuni malattie psicosomatiche: mal di testa, ulcere, depressioni. Queste malattie, oggi molto diffuse, sono solo uno dei numerosi effetti negativi prodotti da una mente male indirizzata, perennemente concentrata sui mali del mondo, sulle proprie sventure e sugli insuccessi. Una mente che però è talmente potente che, se utilizzata nel modo corretto, può offrire un numero straordinario di risorse, non appena ne abbiamo bisogno. Una mente che può permetterci dunque di conquistare la persona che desideriamo in poco tempo, lasciandola affascinata e magneticamente attratta dalla nostra personalità.

1.3 - Convinzioni

Riassumendo quanto detto fino a qui, è evidente che tutta la nostra vita si basa sulle nostre convinzioni, su ciò in cui crediamo o non crediamo. Proviamo ora a pensare a che tipo di convinzioni dominano le nostre giornate. Sono di quelle che possono *potenziare* i nostri risultati o piuttosto sono di tipo *limitante*? E cosa succederebbe se ognuno di noi potesse scegliere liberamente ciò in cui credere? Potremmo finalmente liberarci di ogni blocco e di ogni pensiero non produttivo. Esiste un aforisma davvero illuminante a questo proposito: noti testi di aeronautica affermano che "il calabrone abbia un peso tale che in rapporto alla dimensione delle sue piccole ali, secondo le leggi della fisica, non potrebbe volare... ma il calabrone non lo sa e vola lo stesso!".

Facciamo un esempio concreto: mettiamo il caso che siamo convinti di essere timidi. O insicuri. O addirittura di essere dei buoni a nulla. Magari lo pensiamo perché da piccoli ci hanno affibbiato questa etichetta, e noi abbiamo continuato a portarcela dietro durante tutta la nostra crescita, convincendocene ogni giorno di più. Di conseguenza abbiamo agito sulla base di questa etichetta. E' un processo definito "imprinting", secondo il quale noi imprimiamo nella mente un evento che giudichiamo significativo e poi continuiamo ad agire in modo coerente ad esso.

A scoprirlo fu uno zoologo e psicologo austriaco, Konrad Lorenz, dopo una serie di esperimenti portati avanti con gli anatroccoli. Appena nati, i piccoli associavano alla loro mamma il primo essere vivente in movimento che si trovavano di fronte. Vedendo per primo lo scienziato, si convincevano che fosse lui la loro madre e lo seguivano proprio come avrebbero fatto con la vera mamma anatroccolo, che invece ignoravano del tutto.

Proprio come è successo agli anatroccoli, se da bambini ci hanno detto che non sapevamo disegnare, o qualche compagno dell'asilo magari ci ha detto che il nostro disegno era sgraziato, o ancora se noi stessi ci siamo detti che quello che avevamo disegnato era qualcosa di non corrispondente alle nostre intenzioni, sulla base di questo imprinting ci siamo costruiti una convinzione negativa. Per tutti gli anni a seguire ci siamo comportati di conseguenza, rafforzando così l'idea e gli effetti pratici della nostra identità di persone artisticamente poco capaci. Eventi anche molto lontani nel tempo, che oggi giudicheremmo magari anche insignificanti, ma che da bambini ci hanno colpito molto, sono dunque la base delle nostre convinzioni. Tuttavia, visto che esse sono nate a partire da un evento cui abbiamo attribuito importanza e fondatezza, allo stesso modo possiamo però cambiare, ed in maniera altrettanto facile e veloce.

Oggi possediamo nuove risorse che prima non avevamo a disposizione, che possono consentirci di gestire meglio le emozioni, di scoprire il funzionamento dei nostri processi mentali. In sintesi, di guadagnare la consapevolezza del fatto che quanto gli altri dicono di noi è solo parte della loro mappa del mondo, non è la realtà oggettiva delle cose. Del resto, anche le nostre stesse convinzioni si originano da esperienze che non sono la realtà, ma sono soltanto la nostra personale *interpretazione della realtà*.

Nel suo libro "PsicoCibernetica", il chirurgo estetico Maxwell Maltz riporta alcuni episodi davvero stupefacenti di persone che, a seguito di un intervento estetico, continuavano a non piacersi; addirittura casi in cui le persone continuavano a vedere il proprio naso storto. Questo perché l'intervento del chirurgo aveva modificato il loro aspetto esteriore e non, naturalmente, l'immagine interiore che avevano di loro stessi. Casi in cui sarebbe stato necessario piuttosto un supporto di tipo psicologico. Insomma, quello che pensiamo di noi è quello che trasmettiamo non solo agli altri, ma prima di tutto anche a noi stessi. E l'autostima altro non è che una convinzione su chi siamo e su quello che sappiamo fare.

1.4 - Ciclo del successo

Una delle metafore utilizzate più di frequente nell'ambito dei corsi di motivazione e leadership personale è quella della *camminata sui carboni ardenti*. Carboni veri, che ardono realmente, ad una temperatura che oscilla tra i seicento e gli ottocento gradi. Ci si trova lì, all'inizio della pista, con di fronte circa sei metri di ustionante carbone che brilla e fiammeggia rosso nella notte buia. Sembra impossibile riuscire a trovare il coraggio di appoggiare i nostri delicati piedi, che si scottano soltanto camminando sulla sabbia di una spiaggia scaldata dal sole, in quel manto incandescente. Non è possibile. Non possiamo farcela senza aiuti chimici o senza un trucco. Un limite troppo grande? No, solo una convinzione molto grande. Come facciamo a rinunciare a questa nostra convinzione, che quel carbone non ci ustionerà i piedi? La risposta è una: la nostra mente. Concentrazione, un lavoro di ricostruzione delle nostre credenze, un grido a squarciagola per darci carica ed energia, e si parte. Con il cuore che batte forte, camminando passo dopo passo, in un batter di ciglia siamo arrivati alla fine. Incredibile, ce l'abbiamo fatta, abbiamo superato un limite che ritenevamo invalicabile, siamo arrivati indenni al nostro traguardo. Nessuna scottatura, solo tanta emozione e nuove motivazioni. Una volta capito il funzionamento di questo meccanismo, siamo in grado di cambiare qualsiasi nostra convinzione, eliminando comportamenti improduttivi e abitudine nocive. Un meccanismo che ci restituisce il possesso del nostro corpo e del nostro spirito. Come abbiamo fatto a non bruciarci e ad accedere a queste nuove incredibili risorse? Semplice, attivando quello che si chiama "ciclo del successo": la nuova *credenza* che abbiamo ci ha focalizzato su quello che siamo in grado di fare e ha aperto le porte a nuove *risorse*. Risorse che abbiamo sempre avuto ma che non sapevamo di possedere, risorse cui ora possiamo accedere quando vogliamo. Dalle risorse poi si passa all'*azione*: adottiamo cioè nuovi comportamenti che ci forniscono nuovi e insperati *risultati*. Risultati positivi che non fanno altro che andare a confermarci l'effettiva esattezza della nostra *credenza*. In questo modo ci consentono di accedere con convinzione sempre maggiore alle nuove risorse. E così via, in un ciclo infinito di successo (o di insuccesso, qualora la credenza iniziale sia di tipo limitante).

Immaginiamo due amici, uno molto timido e sfiduciato, l'altro sicuro di sé e molto fiducioso. Entrano in un bar, si siedono al tavolino; due ragazze sedute al tavolino vicino li guardano e si mettono a ridere. Cosa pensiamo che succederà? Semplicemente il primo ragazzo penserà che lo stanno prendendo in giro e stanno ridendo di lui; il secondo invece crederà di aver sedotto altre due ragazze solo con il suo sguardo. Qual è la verità? Nessuna delle due, o meglio entrambe. Per ognuno di quei ragazzi quella è l'unica verità, l'unica che va a confermare le proprie convinzioni di partenza. In realtà le due ragazze potrebbero aver riso per tutto altro motivo, ma non è questo che ci interessa. A noi interessa capire solo che le convinzioni che noi abbiamo vengono confermate in ogni caso, nel bene e nel male, nel potenziante e nel limitante. Il grande Henry Ford, fondatore della omonima casa automobilistica, diceva che "se tu pensi di potercela fare o di non potercela fare, hai comunque ragione". Il ciclo del successo (credenza > risorsa > azione > risultato > credenza), ci porterà comunque a confermare le nostre idee, quali esse siano.

La questione dunque non è nella verità di una credenza, ma nel suo effetto e nei risultati che otteniamo. Se noi crediamo di essere timidi, come ci comporteremo ad una festa? Ci daremo da fare e andremo a conoscere le persone che ci interessano, oppure staremo tranquilli e buoni con le poche persone che già conosciamo? E soprattutto, quanto impegno ci metteremo a uscire fuori dai nostri schemi? Molto poco. E se invece cominciassimo a credere che siamo degli *ottimi seduttori*, cosa faremmo? Non importa se questo sia vero o no, sicuramente daremo il massimo, ci impegneremo fino in fondo per ottenere il nostro obiettivo. Passeremo all'azione con sicurezza e determinazione; e questa stessa sicurezza la trasmetteremo agli altri.

Immaginiamo un venditore: se parte già sfiduciato perché non crede nel prodotto o non crede in se stesso, in che modo comunicherà ai clienti? E così quando il cliente gli dirà di no, egli penserà "Lo vedi che avevo ragione? Non sono affatto un grande venditore!". Se al contrario fosse partito con maggiore fiducia, con delle credenze potenzianti, avrebbe trasmesso sicurezza e sicuramente avrebbe ottenuto risultati migliori. E se anche qualcuno gli avesse detto di no, sarebbe andato avanti con determinazione e appena ricevuto un sì, avrebbe pensato "Lo vedi che avevo ragione? Sono un grande venditore!". Alla fine abbiamo sempre e comunque ragione. Sta solo a noi decidere che direzione prendere, se entrare nel ciclo del successo in senso potenziante o limitante.

E allora non vogliamo più sentirci insicuri e titubanti? Vogliamo diventare determinati? Basterà andare alla ricerca, nella nostra memoria, nel nostro *jukebox* mentale, di tutte le volte che ci siamo sentiti sicuri di noi, delle situazioni in cui ci siamo comportati come se nulla potesse fermarci. Prendiamo questi riferimenti positivi e mettiamoli insieme: dobbiamo creare una solida base per la nostra nuova convinzione.

Il celebre formatore internazionale Anthony Robbins, nei suoi testi motivazionali, utilizza la metafora del *tavolo* per descrivere una convinzione. Immaginiamo un tavolo e le gambe che lo sostengono. Il piano del tavolo è la convinzione, le gambe sono quei riferimenti e quelle esperienze della nostra vita che la confermano, su cui quindi poggia la convinzione. Noi ne possiamo creare da zero una qualsiasi che ci sia utile ad affrontare la vita con maggiore forza e coraggio, attaccando nuove gambe a nuovi piani.

Vogliamo smettere di essere timidi? Disegniamo il tavolino della timidezza, con tutti i suoi riferimenti. Chiediamoci se sono ancora validi. Ad esempio il fatto che la mamma ci definiva timidi da piccoli significa per forza che siamo timidi ancora oggi? E il fatto che ci piaceva stare da soli significa per forza che siamo timidi? Forse siamo solo un po' riservati, o semplicemente stiamo bene con noi stessi, laddove molte persone si sentono realizzate solo quando sono in compagnia. Forse questo è un gran segno di sicurezza, non di timidezza. E infine chiediamoci quanto ci è costato finora vivere con questa etichetta sulla spalle. Quanto ci è costato, e quanto ci costerà ancora vivere con l'identità di persone timide? Quante opportunità abbiamo perso a causa di questa nostra credenza limitante? E allora decidiamo ora di sentirci degli *ottimi seduttori*! Andiamo a cercare nella nostra mente, nel nostro *jukebox* di ricordi, il disco giusto, proprio quel disco che contiene tutti gli episodi in cui ci siamo sentiti affascinanti o in cui qualcuno ci ha considerato tali. Prendiamo questi riferimenti e utilizziamoli come gambe del nostro nuovo tavolino e cominciamo subito a credere che effettivamente siamo persone magnetiche.

Ora, prendiamo questa convinzione e visualizziamola nella nostra mente, come un'immagine solida, nitida, luminosa e vicina a noi. Con una cornice altrettanto solida, marmorea, irremovibile, salda. Incidiamo su di essa la nostra convinzione: "io sono un ottimo seduttore". Ora, ogni volta che lo riteniamo opportuno, guardiamo questa immagine, visualizziamola con l'occhio della mente: in breve tempo, ci convinceremo a tal punto di essere quello che abbiamo deciso, che ci comporteremo da persone affascinanti e magnetiche in ogni occasione.

E alla fine il nuovo modo di comportarci, basato sulla nuova credenza di noi e di quello che siamo, forgerà la nostra nuova identità. Identità che però stavolta ci siamo scelti e che rispetta pienamente i nostri valori, senza dipendere da interferenze e commenti esterni.

1.5 - Livelli di cambiamento

Uno dei maggiori esponenti della Programmazione Neuro-Linguistica, Robert Dilts, ha teorizzato che l'essere umano agisce nella sua vita su cinque livelli, ognuno dei quali riguarda e comprende un determinato ambito della nostra esistenza.

Immaginando che questi livelli si trovino su un bersaglio ideale, cinque cerchi concentrici, possiamo partire dall'esterno fino ad arrivare ai nuclei più profondi:

- *Ambiente*: l'anello più grande, ovvero quello più lontano dal centro, rappresenta l'ambiente esterno, il luogo nel quale viviamo, agiamo, pensiamo. Se dovessimo identificarlo con una frase, potremmo dire che qui sono contenuti tutti gli aspetti della vita che riguardano il "dove".

- *Comportamenti*: all'anello seguente si trovano i nostri comportamenti, ovvero quello che facciamo, il modo in cui agiamo. Questo secondo livello risponde alla domanda "cosa?".

- *Capacità*: proseguendo verso il centro si trovano poi le capacità, cioè tutto quello che sappiamo e possiamo fare; livello che risponde a sua volta alla domanda "come?".

Quelli considerati fino a qui sono i tre cerchi più esterni, quelle che metaforicamente possiamo definire come le "foglie" di un albero, in contrapposizione invece alle "radici", la parte più profonda che andiamo ora ad analizzare. Proprio come in un bersaglio, che rappresenta ogni persona nella sua interezza, ci sono un insieme di anelli concentrici; dall'esterno fino al centro, dove si trova il nucleo:

- *Valori/Convinzioni*: ciò che per noi è importante e ciò in cui crediamo, dunque la risposta alla domanda "perché?"; sono le leve motivazionali che ci spingono ad agire e che influiscono sulle nostre azioni e comportamenti.

- *Identità*: al centro di tutti i vari livelli è posizionata l'identità, quello che siamo o crediamo di essere, la nostra essenza spirituale, il nostro modo di vivere come essere umani; livello che risponde alla domanda "chi?".

Ecco allora che per modificare davvero le proprie abitudini e le proprie convinzioni è necessario partire dai livelli più profondi. Perché tutte le volte che ci mettiamo a dieta non riusciamo nel nostro intento? Partiamo sempre armati delle migliori intenzioni, ci impegniamo al massimo, eppure dopo qualche tempo, che sia solo qualche giorno o qualche settimana, ricadiamo nei vecchi schemi comportamentali e ci lasciamo andare alla nostra golosità. L'errore sta nel metodo. Non possiamo pretendere di cambiare una nostra credenza agendo a livello dei comportamenti, dunque al livello più esterno. E' piuttosto difficile smettere di mangiare la cioccolata, se non avremo prima modificato la nostra convinzione che i dolci siano una delizia e che mangiarli migliori il nostro stato d'animo.

I livelli esterni (ambiente, comportamento, capacità) non possono modificare i livelli profondi (convinzioni/valori, identità); possono avere al più solo una leggera influenza. Al contrario, se agiamo su identità e credenze, se modifichiamo cioè le *radici* del nostro albero, avremo un vero e proprio terremoto a livello delle *foglie*. La teoria del caos si chiede: "può un battito d'ali di una farfalla in Brasile creare un uragano in Texas?". Potenzialmente sì. E allora se questo è possibile, dandoci l'etichetta di persone golose e la convinzione che i dolci ci appaghino, non possiamo certo pensare di dimagrire, semplicemente forzandoci a cambiare comportamento. Se invece cominciamo a pensare a noi stessi come ad individui che ci tengono alla salute e alla forma fisica, se iniziamo a credere che troppa cioccolata sia deleteria per il nostro benessere, allora i nostri comportamenti cambieranno automaticamente, senza sforzi né fatica. Anzi diventerà un piacere mangiarci una bella insalata, sapendo che contribuirà a soddisfare i nostri valori, ciò in cui crediamo, e che farà sentire realizzata la nostra identità di persone in forma.

Un altro esempio della vita di tutti giorni: sicuramente a ognuno di noi è capitato almeno una volta di essere stato un po' geloso nei confronti del nostro partner. Magari ci dava fastidio che sentisse ancora il suo ex, oppure che avesse un'amicizia troppo stretta con qualcuno dell'altro sesso. Per risolvere la situazione abbiamo cercato di imporre le nostre idee, limitando i comportamenti del partner. Abbiamo ottenuto dei risultati? Assolutamente no, anzi da quel giorno il nostro partner ha fatto esattamente il contrario di quello che gli avevamo imposto.

Proviamo invece ad agire sulla sua identità, con un discorso di questo tipo: "Sai, quando ti ho conosciuto ho subito capito che sei una persona completamente affidabile, davvero degna di fiducia. Me lo hai dimostrato in tante occasioni. E so anche che, se tu lo volessi davvero, potresti fare a meno di sentire così spesso quel tuo vecchio corteggiatore. Tu sei una persona così orientata al futuro, sai cosa vuoi e dove stai andando. Non rimanere troppo legata al tuo passato, o potresti correre il rischio di rimanerci imprigionata e bloccata, come con una catena che ti lega e ti trascina in fondo al mare. Liberati del passato, insegui i tuoi sogni e realizzali. Ora, con me, puoi sentirti protetta e al sicuro...".

Possiamo stare certi che un discorso del genere, così ipnotico ed evocativo, lascerà dei profondi segni nel nostro partner: in qualche modo dovrà essere coerente con l'identità che gli abbiamo dato e sarà suo interesse costruire un rapporto affidabile e duraturo.

1.6 - Identità

L'identità è il nucleo più profondo di ognuno di noi, che costituisce il carattere delle persone e ne determina l'unicità in fatto di valori, modi di essere e di comportarsi. E' l'identità a definire chi effettivamente siamo. Riuscire ad addentrarsi fino a quel livello così intimo di qualcuno è in genere riservato in modo esclusivo a poche persone, e comunque a persone con cui si condivide un legame molto intimo e confidenziale. Se manca questo rapporto stretto e privilegiato con una persona, è molto difficile riuscire a conquistarla. Tuttavia la personalità di ognuno di noi, oltre ad essere il nostro elemento di definizione, una sorta di etichetta con su scritti gli ingredienti di cui siamo fatti, ha anche un'altra accezione, non del tutto positiva. Rappresenta infatti una *limitazione*, che noi stessi ci poniamo in seguito ad eventi forti accaduti durante la nostra vita: affermare di essere in un certo modo, corrisponde infatti a negare di essere in un altro modo. Chiudersi in un'identità significa cioè sensibilizzare il cervello verso una serie specifica di vicende e ricordi, proprio quelli che confermano la nostra idea originaria. E continuare a comportarsi in modo coerente e congruente con quella identità.

Proviamo a pensare ad ogni volta che facciamo un'affermazione su noi stessi, su ciò che siamo o siamo in grado di fare, e soprattutto su ciò che invece non siamo o non siamo capaci di portare avanti. "Io non sono bravo a disegnare, sai non ho per niente creatività." oppure "Io odio la matematica, con i numeri non ci so proprio fare... non sarà mai il mio mestiere". Quante volte abbiamo ascoltato o detto simili parole?

Affermazioni come queste derivano proprio dalla percezione che ognuno ha di se stesso, delle sue possibilità e capacità. Percezione che dipende dal nostro vissuto, dalle nostre esperienze di vita, dalle cose e persone che hanno arricchito e arricchiscono la nostra esistenza: in pratica, dai riferimenti che abbiamo archiviato nel nostro *jukebox* mentale.

E' proprio il caso di una studentessa molto in gamba, con ottimi risultati in tutte le materie, tranne in quelle che avevano a che fare con i numeri. Matematica, trigonometria, geometria le causavano notevoli difficoltà ed i voti peggiori della sua pagella. Detestava profondamente quelle materie, anzi, a sentirla parlare, si definiva "geneticamente incapace" a gestire argomenti di tipo scientifico matematico. Diceva che fin dalle scuole medie era stato così e che così avrebbe continuato ad essere, perché lei non era portata per la matematica. Eppure quella stessa ragazza ha poi affrontato gli esami di maturità portando come seconda materia proprio matematica. Non solo, ha scelto anche di proseguire gli studi universitari, iscrivendosi proprio ad una facoltà scientifica. Ed oggi il suo lavoro la porta ogni giorno a confrontarsi con formule e numeri da gestire.

Viene spontaneo chiedersi in che modo questo sia potuto succedere, vista la sua dichiarata inabilità con tutto l'ambito scientifico. Cosa è cambiato? Semplice, si è ribaltata la sua credenza sulle sue capacità in merito ai numeri. Una convinzione dovuta ad un atteggiamento di critica e disapprovazione che la professoressa di matematica delle scuole medie le aveva sempre riservato. Sentendosi ripetere ogni giorno e ad ogni compito in classe che lei non era portata, che non aveva la mentalità adatta, quella ragazza non solo aveva finito con il crederci, ma alla fine ha anche incluso questa idea nella sua identità, legando se stessa a quella concezione di "ragazza che non è brava con i numeri". E' come se il suo cervello l'avesse boicottata ogni volta che doveva avere a che fare con formule ed equazioni: per rispettare il *principio di coerenza*, infatti, uno dei principi più forti nella vita di ogni essere umano, si impediva di accedere alle risorse adeguate alla risoluzione di problemi e calcoli. Così lei aveva ogni volta una nuova conferma della sua inadeguatezza e non faceva che rafforzare la sua identità di persona non capace. Durante l'ultimo anno delle scuole superiori però, una nuova insegnante le fece scoprire quanto questa sua idea fosse sbagliata. E lo fece semplicemente incoraggiandola e complimentandosi con lei per i risultati che invece era in grado di ottenere.

La ragazza si rese conto di quanto, nella definizione di sé, fosse stata influenzata dai commenti negativi degli altri in merito alle sue capacità. E di quanto il suo stato d'animo negativo nei confronti di quelle capacità le avesse impedito di uscire da quel circolo vizioso: "non sono portata, quindi non rendo bene nello studio di queste materie, quindi non sono capace, quindi la matematica non fa per me". Era come se avesse indossato dei paraocchi che le impedivano di vedere al di là di un certo campo visivo. Come se il pulsante del *jukebox* per accedere alle sue risorse più preziose le fosse stato nascosto dall'etichetta che le aveva dato la prima insegnante.

Questo esempio è la migliore dimostrazione del fatto che delimitarsi all'interno di una identità è anche una forte limitazione: ci impedisce di accedere a tutte le nostre potenzialità e, di conseguenza, di riuscire al meglio in tutto quello che decidiamo di affrontare. E' come se il nostro vissuto precedente determinasse le linee lungo cui si svilupperà la nostra vita futura. E' come se andassimo avanti continuando però a guardarci dietro, senza uscire dai binari del passato.

Ecco perché è molto importante allenarsi ogni giorno alla flessibilità, alla elasticità mentale e di comportamento. Dobbiamo guardarci da questo atteggiamento limitante e svincolarci dai nostri limiti abituali, rompendo ogni schema che ci vuole in un certo modo e ci dice che qualcosa non fa per noi. A volte infatti cerchiamo proprio di *autosabotarci*: se ad esempio a livello non consapevole non vogliamo raggiungere un obiettivo, troveremo mille ostacoli alla realizzazione del nostro obiettivo. Quante persone vogliono diventare ricche, ma non ci riescono o non si danno da fare con impegno? Sono proprio coloro che in realtà, a livello inconscio, pensano che essere ricchi sia una qualità propria delle persone disoneste, o che ritengono che l'invidia che scaturisce dal denaro possa far perdere le proprie amicizie. Con delle credenze del genere, il nostro inconscio farà di tutto per sabotare i nostri obiettivi di ricchezza.

Il punto da cui dobbiamo partire è dunque la convinzione che tutti gli esseri umani sono uguali in partenza, e che la diversità subentra solo nel fatto che ognuno sceglie di sviluppare alcune abilità piuttosto che altre. In fondo, se alcune persone hanno scalato la vetta dell'Everest o sono diventate assi del volante, anche noi abbiamo la possibilità di fare altrettanto.

Lo stesso naturalmente vale, come avremo modo di ripetere più volte lungo queste pagine, per la capacità di essere un *ottimo seduttore*. Possiamo esserlo, fosse solo per il fatto che già qualcun altro lo è stato. Perché questo si realizzi, la cosa principale è innanzitutto imparare ad acquisire la capacità di credere che ciò sia possibile e di immaginarci come un bravo seduttore. Non serve altro che costruire in modo congruente una nostra rappresentazione interna, utilizzando le risorse che più ci piacciono, e cominciare a vivere subito come la persona che vogliamo essere. Proviamo a pensare poi quanto può tornare a vantaggio della riuscita delle nostre strategie seduttive, il conoscere la definizione di identità e soprattutto le sue implicazioni nella vita di ognuno.

Impegniamoci a far capire al nostro potenziale partner quanto sia limitato e limitante il suo definirsi in un certo modo piuttosto che in un altro. Spieghiamogli quanto, in questo modo, egli non faccia altro che precludersi la possibilità di diventare qualunque cosa egli voglia provare ad essere. Di più, rendiamoci protagonisti attivi della rottura di uno qualunque dei suoi presunti limiti abituali. Associando a noi, alla nostra presenza incoraggiante, al nostro essergli vicino la sua crescita e l'abbattimento delle sue limitazioni emotive, che tipo di legame creeremo con lui? Stiamo pur certi che in poco tempo la sua dipendenza emotiva nei nostri confronti sarà davvero forte. E non potrà più fare a meno di noi perché la sua nuova rappresentazione interiore di sé sarà comunque legata a qualcosa che ha appreso grazie a noi.

1.7 - Stati d'animo

In questi termini, lo stato d'animo altro non è che il risultato delle nostre esperienze, dei nostri riferimenti e delle nostre credenze su noi stessi e sugli altri in un dato istante. E' come se nello stesso momento, nel nostro *jukebox* mentale, suonassero decine di canzoni insieme, un mix di tanti fattori che possiamo imparare a controllare in maniera facile e veloce. Le canzoni più forti e influenti sono le nostre rappresentazioni interne, il nostro dialogo interiore e la nostra fisiologia, cioè il modo in cui gestiamo i movimenti e gli atteggiamenti corporei. A sua volta lo stato d'animo ha una fortissima influenza su quali decisioni prendiamo, o scegliamo di non prendere, e di conseguenza sul modo in cui ci comportiamo, in ogni attimo della nostra vita.

In che modo tutto questo è utile ai fini di un esito positivo delle nostre strategie di seduzione? E' presto detto: quando una persona ci interessa, e di conseguenza vogliamo attrarla, dobbiamo convincerla che noi siamo proprio la persona più giusta per lei, facendo così modificare l'atteggiamento ed il comportamento che ha nei nostri confronti. E per farlo basta appunto andare ad agire sul suo stato d'animo e sui fattori che lo influenzano.

Riconsideriamo il concetto di *rappresentazioni interne*: non sono altro che i nostri pensieri, il modo in cui all'interno della nostra mente ci raffiguriamo il mondo. Nella nostra immaginazione infatti ognuno di noi riproduce ricordi, emozioni ed idee per dar loro senso e riviverle. Alcuni vedono immagini fisse, luminose, colorate e nitide come se fossero un quadro situato a poca distanza dai loro occhi. Altri se le raffigurano come in un film, dunque visualizzano una sequenza di immagini in movimento, più sfumate e sfocate.

Ma può darsi anche il caso della predominanza di modalità acustiche di riproduzione interna degli eventi: cioè si sente un suono, oppure una voce che ci parla con un certo tono. Una terza possibilità invece assegna la preferenza alle emozioni interiori; è questo il caso di chi, nel ricostruire mentalmente un certo evento o ricordo, percepisce un certo tipo di sensazioni interiori: un bruciore allo stomaco o un forte batticuore. Tutte queste *sottomodalità di rappresentazione* personale della realtà sono una vera miniera: variandole possiamo di volta in volta modificare la percezione interiore di ogni cosa, di conseguenza possiamo cambiare sentimenti, emozioni ed atteggiamenti del protagonista di quelle percezioni.

Può essere utile ricorrere ad un esempio chiarificatore: prendiamo dal nostro *jukebox* un ricordo che è per noi piuttosto sgradevole. Visualizziamolo su uno schermo mentale immaginario. A questo punto iniziamo ad utilizzare le diverse sottomodalità, così da rappresentare la scena con differenti chiavi interpretative. Ecco che possiamo aumentarne o diminuirne la luminosità, avvicinarci ed allontanarci da essa, come se utilizzassimo lo zoom della telecamera. Inoltre proviamo a sfruttare le potenzialità acustiche: modifichiamo i suoni, le voci, rendiamole più brillanti o più fioche e indistinte. Se allontaniamo il nostro sguardo e oscuriamo la scena, rendendola buia e nebulosa, le emozioni negative associate ad essa diminuiranno. Viceversa consideriamo un ricordo positivo e riviviamolo guardando la scena con i nostri occhi; proviamo a renderlo luminosissimo, con tutte le immagini bene a fuoco: l'effetto sarà sicuramente quello di amplificare tutte le emozioni positive e di migliorare istantaneamente il nostro umore.

Applicando lo stesso meccanismo è possibile cambiare il nostro *dialogo interiore*. Sarà sicuramente capitato a tutti, almeno in un'occasione, di udire una vocina dentro di noi che ci sussurra: "No, non puoi farcela. Tu sei fatto così, non puoi farci nulla, lascia perdere". Una vocina che ci fa subito perdere la grinta e spesso abbandonare il conseguimento dei nostri obiettivi. Bene, grazie agli stratagemmi di cui abbiamo parlato, possiamo utilizzare il dialogo interno a nostro vantaggio, per trovare nuova motivazione e conquistare sensazioni di sicurezza e forza interiore, in qualunque momento avessimo bisogno di cambiare.

Ecco un'ottima abitudine da prendere e da ripetere ogni giorno: ritagliamoci cinque minuti per parlare con noi stessi. Utilizziamo questo colloquio interiore per motivarci, ripetendoci frasi come: "Non esistono limiti", "Posso riuscire", "Come mi comporterei se fossi sicuro di avere successo in quello che sto facendo?"

Le prime volte dovremo faticare un po' per staccare la spina dagli altri pensieri e dalle preoccupazioni, ma in poco tempo ci abitueremo a pensare a noi stessi come a delle persone vincenti. Così ogni volta che il nostro dialogo interiore tenterà di sabotarci, basterà solo immaginare di avere il controllo di una vera e propria manopola dell'audio e semplicemente girarla, abbassando l'audio fino a non sentire più quella voce demotivante. Oppure se ci parla con un tono spento e monotono, non dobbiamo far altro che renderla squillante e limpida, o addirittura sensuale: non potremo sentirci ancora depressi, se a parlarci è una voce calda e suadente. Dal saper utilizzare le strategie di rappresentazione della realtà che gestiamo in modo inconscio, all'applicarle alla sfera della seduzione, il passo è decisamente breve. Prendiamo ad esempio la strategia di accesso allo stato d'animo dell'attrazione. Cos'è che fa scattare in noi l'attrazione per una persona? Quando qualcuno ci affascina? Ci basta vederla? Oppure è la sua voce ad emozionarci? Oppure è la sensazione che proviamo quando siamo con lei a farci capire che ne siamo attratti? Di sicuro, qualunque sia il nostro caso, è certo che chiunque voglia sedurci non dovrà fare altro che utilizzare quella situazione per farci cadere nella sua rete. E, soprattutto, vale anche il contrario: se conosciamo la strategia del potenziale partner, la seduzione andrà sicuramente a segno.

Da un punto di vista tecnico, accedere ad uno stato d'animo attraverso il linguaggio dipende dal fatto che il nostro cervello, per comprendere una qualunque struttura linguistica, frase o espressione, deve necessariamente rivivere a livello inconscio l'emozione relativa al significato delle parole. Tornando alla metafora del *jukebox* mentale, possiamo affermare che qualsiasi parola equivale ad un pulsante per richiamare una determinata canzone, e quindi un determinato stato d'animo.

Prendiamo per esempio la parola "amore": chissà quante emozioni diverse suscita in ognuno di noi. Con quanta facilità accediamo alle nostre canzoni preferite, ai nostri ricordi amorosi e alle nostre emozioni? Questo accade proprio perché durante ogni conversazione, con l'instaurarsi di un rapporto comunicativo tra esseri umani, riempiamo ciò che ascoltiamo di quei contenuti che per noi sono in un certo modo significativi, per dargli un senso. Ecco perciò che le parole diventano delle vere e proprie etichette, ciascuna associata ad una singola esperienza e a precisi stati d'animo.

Ne deriva che ogni momento della comunicazione è un continuo susseguirsi di interpretazione di significati, per mezzo del quale ognuno accede in maniera inconscia a tutte le sue esperienze e alla sua storia personale.

In generale accediamo in modalità cosciente soltanto ad una minima percentuale dei nostri contenuti e ricordi. La restante parte si riferisce alla nostra mente inconscia, perciò non ne siamo direttamente consapevoli. Sigmund Freud, padre della psicoanalisi, lo spiega attraverso un paragone con gli *iceberg*: se ne vede soltanto una piccola porzione, mentre la maggior parte della montagna di ghiaccio rimane nascosta agli occhi dell'osservatore. Invisibile sott'acqua, ma comunque presente e determinante.

Riassumendo quindi, dietro ad ogni nostra decisione, dietro ogni nostra interpretazione della realtà, si celano decine e decine di ragionamenti inconsci, che vengono attuati ed hanno un senso sulla base delle nostre esperienze passate e dei nostri valori di riferimento. Ecco spiegato ben presto il motivo per cui esistono così tanti punti di vista diversi, tanto che spesso non riusciamo a capirci nemmeno tra amici o tra fratelli: ogni singola parola ha, per ciascuno, un significato diverso e singolare, legato alla personale mappa del mondo, alle credenze e ideali di riferimento. Ognuno ha il suo personale *jukebox* fatto di esperienze e di vita vissuta.

1.8 - Rompere gli schemi

Contrariamente a quanto si potrebbe pensare, gli stati d'animo non vanno legati ad una connotazione superficiale; sono come le foglie di un albero: una parte esteriormente visibile, che tuttavia ha origine da radici che affondano nelle profondità del terreno. Allo stesso modo gli stati d'animo sono elementi del nostro modo di essere che nascono dagli strati più intimi della nostra personalità: hanno a che fare con l'identità di una persona, con i suoi valori.

Tutto dipende da ciò in cui ognuno di noi crede, a quali principi ed ideali si affida giorno per giorno. Da questo deriva soprattutto l'interpretazione che ciascuno di noi si dà di se stesso, ovvero il tipo di persona che ognuno ritiene di essere. Ed è proprio questo che dobbiamo scoprire, se vogliamo che le nostre strategie seduttive abbiano una buona riuscita.

La prima regola dell'attrazione è infatti che "il simile si attrae col simile". Accanto a questa necessità di circondarsi di persone quanto più vicine al nostro modo di essere e di vivere, tutti ricerchiamo la soddisfazione di esigenze emotive, quali comprensione, accettazione, sostegno. Detto in altri termini, tutti noi siamo alla ricerca di rapporti di tipo empatico: vogliamo stringere relazioni significative con il prossimo, abbiamo bisogno di costruire rapporti intensi, basati sull'armonia di carattere e spirito, quel tipo di sintonia particolare che in genere si commenta con frasi del tipo "abbiamo la stessa lunghezza d'onda", oppure "parliamo lo stesso linguaggio", che la maggior parte di noi ha di sicuro avuto già la fortuna di sperimentare.

C'è solo un modo per capire come sono le persone con cui entriamo in relazione: comunicare con loro. La comunicazione è l'unica possibilità per togliere la maschera a tutti quelli che abbiamo di fronte, per vederne il vero volto e capire chi sono. La comunicazione è il segreto per costruire un rapporto armonico e complice con gli altri, per riuscire a vedere il mondo dallo stesso punto di vista, o quantomeno a comprendere e rispettare punti di vista diversi dal nostro. Una volta delineata la soggettività della persona che abbiamo di fronte, esiste una particolare strategia alla cui attuazione possiamo ricorrere per costruire con lei un rapporto profondo, un legame forte: aiutarla a crescere spiritualmente.

Se riusciamo a legare la nostra persona al miglioramento delle condizioni emotive degli altri, standogli accanto e sostenendoli lungo il percorso della loro crescita spirituale, avremo creato un legame molto forte che ci unirà in un modo assolutamente unico, tanto da renderci una presenza difficilmente sostituibile, quasi irrinunciabile nella loro vita.

Ci sarà capitato spesso che uno dei nostri amici o magari proprio una persona che ci interessava conquistare, si sentisse particolarmente giù di morale. E magari motivasse il suo rifiuto ad un nostro invito, dicendo "Scusa, ma oggi non è proprio giornata per uscire, sai sono davvero triste...". In una situazione come questa, proviamo a dirle che la depressione in fondo, come qualsiasi altro stato d'animo, è un'emozione che noi abbiamo creato e che quindi noi possiamo combattere e sconfiggere. In che modo? Semplicemente utilizzando il *jukebox* mentale di cui abbiamo parlato prima. Proviamo quindi ad aiutarla ad accedere ad un nuovo stato d'animo, una nuova canzone del suo *jukebox* mentale: modificando il modo in cui parla, il cosiddetto dialogo interiore, e il suo *atteggiamento fisiologico*. La persona depressa avrà sicuramente gli occhi bassi e spenti, le spalle curve e la testa china. Parlerà con tono mesto, si ripeterà continuamente quanto sia depressa e triste e che brutta giornata stia vivendo. Proviamo a scuoterla per le spalle, con una dolce fermezza, alzandole il viso e facendole volgere lo sguardo all'insù. Diciamole con tono tranquillo: "Ascoltami, fai un paio di bei respiri profondi e guardati intorno a testa alta. Dì dentro di te che oggi è una giornata splendida, che non vedi l'ora di viverla. Dì che ti senti fiducioso e sereno, che sai di potercela fare, qualunque cosa accadrà e che perciò ti senti alla grande. Sai quando ti senti davvero bene, profondamente in pace con te stesso? Ora, non ti sembra che vada già meglio? Allora perché non ci andiamo a prendere un bel gelato?". Non solo in un modo quasi istantaneo sarà cambiato il suo stato d'animo, e dunque l'avremo fatta uscire dalla sua tristezza, ma avremo anche legato questo suo rasserenamento al nostro aiuto e alla nostra presenza al suo fianco.

C'è una scena di un film comico di qualche anno fa che spiega molto bene il concetto di *congruenza* emotiva di cui stiamo parlando: "L'aereo più pazzo del mondo". Il film è ambientato all'interno di un aereo di linea, il cui volo è un susseguirsi di disavventure e incidenti al limite del paradossale, in un susseguirsi di gag comiche e demenziali. Una delle passeggere in particolare non regge allo stress e cade preda di una crisi di panico: la donna trema, urla e piange disperata. Una delle hostess le si avvicina quindi con l'intento di calmarla. I suoi iniziali modi gentili si trasformano all'improvviso: afferra la donna per le spalle, la scuote con veemenza e le urla con tono aggressivo: "Si calmi signora, si calmi!". Inutile dire che la donna continua a strillare e tremare dal terrore. Uno dei passeggeri arriva quindi in aiuto dell'hostess: "Signorina, lasci provare me". Ha l'aria mite, un tono molto dolce e comprensivo. Anche lui però afferra la signora isterica, le urla di calmarsi e addirittura le molla un sonoro ceffone. La crisi di panico della signora prosegue. E' così che si forma una lunga fila di passeggeri che vogliono a loro volta tentare di "calmare" la signora, susseguendosi uno dopo l'altro con metodi quanto mai brutali. L'estrema comicità della scena gioca appunto sulla incongruenza tra il messaggio che i passeggeri vogliono trasmettere alla poveretta spaventata e i mezzi che utilizzano per farlo.

Trasmettere un messaggio congruente significa quindi essere calmi se vogliamo indurre calma, essere interessati se vogliamo indurre interesse e così via. Perché in questo modo possiamo accedere direttamente al *jukebox* del potenziale partner, lavorando a stretto contatto con la sua identità. Proprio per questo la congruenza è un mezzo estremamente efficace per creare sintonia con la persona che ci interessa.

1.9 - Parole magiche

Se riusciamo anche ad utilizzare il linguaggio in modo mirato, allora possiamo aumentare considerevolmente la nostra capacità seduttiva. Utilizzare un certo vocabolario significa accedere alle rappresentazioni interiori che una persona lega a determinati termini. Ciascuna parola, all'interno del *jukebox* mentale del nostro interlocutore, ha infatti uno specifico retroscena. Così facendo quindi potremo ricercare il suo disco preferito, accedere ai suoi stati d'animo più profondamente emotivi. Durante le nostre conversazioni cerchiamo perciò di ripetere spesso termini positivi, legati ad emozioni forti, come amore o serenità o fiducia. Per comprenderli il cervello della persona che ci ascolta dovrà per forza avere accesso, a livello inconscio, alle sensazioni positive, a ricordi ed esperienze di vita che per lei, solo per lei, significano amore, serenità, fiducia.

Padroneggiare questo meccanismo della nostra mente è molto importante, perciò è opportuno ripeterlo ancora una volta: ogni parola che utilizziamo, va ad agire sulla rappresentazione interiore di sé e del mondo che ogni persona gestisce a livello inconscio. A differenti rappresentazioni corrispondono diversi stati d'animo, e cambiare rappresentazione significa cambiare stato d'animo. Se siamo tristi e depressi ci verranno in mente solo ricordi negativi, e vivremo emozioni altrettanto negative. Ma pensando ad un ricordo piacevole o ad una emozione positiva, il nostro umore migliorerà in maniera sensibile. Utilizzando un certo tipo di parole piuttosto che altre, perciò, saremo in grado di far accedere la mente inconscia dell'altra persona a ricordi positivi, che ne cambieranno lo stato mentale. Esiste poi un ulteriore legame che rappresenta l'anello di congiunzione tra l'interiorità e l'esteriorità delle persone: ogni nostro stato d'animo si concretizza nelle decisioni che prendiamo o preferiamo non prendere e nei comportamenti che attuiamo o rimandiamo.

Facciamo un esempio: abbiamo proposto alla persona che ci interessa e che vogliamo conquistare, di uscire la sera per andare al cinema. Lei ci risponde: "Ti ringrazio, ma oggi ho litigato con mia madre e sono di umore nero. Non ne ho davvero voglia, magari un'altra volta...". Non dobbiamo abbatterci, bensì tentare di modificare il suo stato d'animo. Probabilmente avrà la testa piena di ricordi negativi, che le suscitano emozioni altrettanto negative come rabbia e tristezza; emozioni che effettivamente non depongono a favore di una serata spensierata al cinema. Dobbiamo quindi parlarle utilizzando termini e parole che le facciano rievocare emozioni e ricordi di tipo più allegro e solare. In questo modo la sua rappresentazione interiore e di conseguenza il suo stato d'animo miglioreranno, e probabilmente ci risponderà: "Grazie, mi hai fatto tornare il buonumore. Sai che ti dico? Un cinema ci sta proprio bene stasera!".

Certo, non sempre gli stati d'animo hanno un nome ben preciso, come attrazione, estasi, entusiasmo. Alcuni possono rimanere più vaghi e indefiniti, come quando diciamo di non sentirci molto bene. Altri ancora, a ben guardarli, non sono veri e propri stati d'animo, ma solo degli elementi strumentali che ci servono per raggiungere i nostri valori più profondi. Ecco perché possiamo affermare con tranquillità, e soprattutto senza retorica, che soldi, bellezza, posizione sociale non contano poi così tanto nella vita.

Perché sono solo degli strumenti cui si ricorre per raggiungere dei valori importanti.

Ora invece sappiamo che ognuno di noi ha a disposizione strumenti più efficaci, sempre disponibili e facili da usare, e soprattutto accessibili, con cui poter soddisfare quegli stessi valori. Diventare consapevoli del fatto che possiamo gestire in maniera facile e immediata i nostri stati d'animo e quelli degli altri, significa possedere una capacità infinitamente potente: avere la chiave per aprire qualsiasi porta e trascorrere una vita serena e soddisfacente.

Trovarsi in uno stato d'animo produttivo è essenziale nella vita: significa sentirsi bene in ogni momento, raggiungere la serenità emotiva, riuscire a prendere buone decisioni. Significa anche saper valutare con obiettività e ottimismo tutti i problemi che ci si dovessero presentare: può davvero fare la differenza. Uno stesso problema ci sembrerà irrisolvibile e insormontabile, se lo guarderemo con l'animo appesantito dalla preoccupazione e dall'ansia. Vedremo tutto nero e ci sentiremo senza una via d'uscita. Se invece manteniamo uno sguardo sereno e ottimista, sarà più probabile individuare soluzioni e comunque non lasciarsi soverchiare dal malumore.

Ciò su cui dobbiamo veramente concentrarci è la nostra capacità di creare un mondo fantastico in cui vivere. Non permettiamo che la persona che desideriamo passi la sua vita a lamentarsi o a stare male. Quando sta con noi, deve capire che il mondo è un posto bellissimo in cui vivere e può essere felice anche lei. Mostriamogli per primi la nostra sicurezza, la nostra gioia di vivere e la conquisteremo in un attimo. Se con noi sta davvero così bene, se davvero riusciamo a creare in lei una luce di speranza, allora sarà la prima a capire quanto vale la positività che sprigioniamo. Ricordiamoci infatti che lo stato d'animo è contagioso. Essere positivi, emanare energia significa il più delle volte coinvolgere nella nostra allegria le persone che ci sono vicine. Quindi la prima mossa per suscitare l'interesse del potenziale partner verso di noi, è proprio quella di mostrarsi sempre solari e positivi con lui, mettendosi in uno stato di sincero interesse nei suoi confronti: dimostriamo curiosità e voglia di conoscere lui e le sue doti, per scoprire se possiede delle caratteristiche che lo rendano realmente speciale e in grado di offrirci davvero qualcosa di valore.

Per Approfondire: <u>Videocorso Motivazione</u>

Giorno 2: Persuasione Ipnotica

2.1 - Stati di trance ipnotica

Immaginiamo di poter ipnotizzare il potenziale partner e farlo cadere tra le nostre braccia in pochi secondi. E' fantascienza? Forse sì o forse no. Di sicuro vi è la possibilità di utilizzare un certo tipo di comunicazione ipnotica per favorire la nostra conquista e per creare quello stato di interesse ed attrazione che vogliamo indurre nella persona che desideriamo.

Ad esempio, mettiamo che una persona venga da noi e ci dica: "Ti è mai capitato di essere profondamente innamorato di qualcuno? Come ti senti quando sei innamorato? Ora, mi chiedevo che sensazioni provi quando sei innamorato. E mentre ascolti la mia voce, e puoi guardarmi negli occhi, e puoi avvertire le sensazioni che stai provando, non so se ti rendi conto di quanto sia eccitante innamorarsi. E mentre ti concentri su queste eccitanti sensazioni, e respiri sempre più profondamente, non so se ti sei mai chiesto cosa è che ti fa innamorare di una persona. Ora, tu credi nel colpo di fulmine? Per me, è qualcosa di sensazionale, di appassionante, di soddisfacente. Ne parlavano proprio l'altra sera durante una trasmissione televisiva: dicevano che il colpo di fulmine è una reazione chimica, che avviene a livello ormonale. In pratica due persone si incontrano e istantaneamente si innamorano della persona speciale che hanno di fronte...". E così via. Tutte queste espressioni sono una serie di suggestioni ipnotiche, che hanno come fine quello di aprire il nostro stato d'animo a delle sensazioni particolari; suggestioni che ci spingono a vivere intensamente le nostre esperienze d'amore passate, che ci fanno soffermare su cosa ci fa innamorare, che ci fanno vivere il colpo di fulmine in quel preciso momento. Strutture linguistiche molto potenti che accedono direttamente al nostro *jukebox* di stati d'animo e di emozioni. Immaginiamo di poter bucare il vetro del jukebox e di poter accedere direttamente ai dischi: sicuramente è un metodo più veloce rispetto a quello di infilare la monetina, premere dei pulsanti, aspettare che il braccio meccanico posizioni il disco sulla puntina e lo faccia girare. Allo stesso modo il linguaggio ipnotico ci consente di accedere in maniera rapida alle emozioni e agli stati d'animo del potenziale partner, permettendoci quindi di conquistarlo molto più velocemente.

Prima di affrontare una ad una le tecniche di persuasione, dobbiamo capire bene cosa sia in realtà l'*ipnosi*: nel senso comune, infatti, essa è accompagnata da un alone di negatività. La letteratura, la cinematografia, i fumetti, persino le leggende metropolitane non fanno che reiterare l'idea dell'ipnosi come di un'alchemica stregoneria, sempre associata ad un che di misterioso e temibile; un'ipnosi in apparenza pericolosa perché centrata sull'idea della perdita del controllo di se stessi.

In realtà non esiste l'ipnosi per come è tradizionalmente intesa. In primo luogo è qualcosa di molto più serio: è basata e si è sviluppata su ricerche scientifiche di tutto rispetto, portate avanti da professionisti e studiosi. Freud stesso, il padre della moderna psicanalisi, la utilizzava. In secondo luogo poi è un approccio naturale ed innocuo: prima di essere una tecnica o una disciplina, l'ipnosi è infatti uno stato naturale del sistema nervoso.

Alla luce di questa definizione, appare evidente che essa sia un fenomeno che si sviluppa di frequente nel vivere quotidiano e nelle interazioni con gli altri, in modo spontaneo. A ciascuno di noi sarà capitato di sperimentarla, in svariate occasioni: quando guardiamo un film e ne siamo così presi, da non sentire che qualcuno seduto accanto ci sta chiamando. Quando qualcuno ci parla e dopo un po' ci rendiamo conto di non avere la minima idea di cosa ci abbia detto. Quando stiamo accanto alla persona di cui siamo innamorati e ci sentiamo come lievitare sopra la terraferma, o abbiamo la sensazione di essere calamitati da lei. La lista degli esempi di forme ordinarie di *trance ipnotica* può proseguire ancora. Pensiamo a quando siamo alla guida della nostra auto e raggiungiamo la nostra destinazione senza rendercene conto: succede perché non abbiamo prestato attenzione, a livello cosciente, alla strada, alle altre autovetture, al tragitto percorso. O a tutte le volte in cui svolgiamo lavori ripetitivi, di routine, agendo senza la consapevolezza effettiva dei nostri movimenti e gesti, che compiamo in modo quasi automatico. Ancora, pensiamo ai momenti in cui sogniamo ad occhi aperti, quando siamo come assenti, immersi nei nostri pensieri, estraniati dal contesto, con la mente che divaga e lo sguardo perso nel vuoto. O quando ci fissiamo su un oggetto insignificante, senza guardarlo davvero, a metà tra una dimensione onirica e il ricordo di qualcosa.

Il denominatore comune di queste situazioni è la sensazione di non essere del tutto presenti a noi stessi, e di svegliarci all'improvviso come da un sogno. Sono tutti momenti in cui siamo talmente concentrati su un qualcosa, che tutti gli altri stimoli diventano irrilevanti e li ignoriamo. Non siamo addormentati, siamo semplicemente disinteressati al resto degli oggetti e avvenimenti.

Esiste poi una forma decisamente eclatante di tecnica ipnotica, cui siamo sottoposti praticamente ogni giorno: la *pubblicità*. Uno spot pubblicitario si basa infatti sulla stessa strategia che abbiamo descritto fino ad ora. Cerca di ricreare una situazione idilliaca, positiva, che ci faccia cadere come in trance per i pochi secondi della durata dello spot, facendoci provare uno stato d'animo di serenità, di piacere. A questo punto il contenuto dello spot non fa altro che causare in noi, a livello inconscio, un'associazione tra lo stato d'animo gradevole che stiamo provando e il prodotto reclamizzato. Ecco solo un paio dei mille esempi possibili: il celebre striptease di una bellissima ragazza nello spot di una nota marca di orologi; l'idilliaco quadretto familiare di genitori e figli che si svegliano sereni di buon mattino e si riuniscono affettuosi intorno al tavolo della prima colazione, rifornito dei loro biscotti preferiti. Forse il caso più significativo in proposito è però la reclame di alcuni anni fa di una marca svizzera di orologi. Si basava sull'idea della totale relatività del concetto di tempo; in particolare voleva far riflettere su quanto sia relativa l'effettiva durata di un minuto, a seconda del modo in cui esso veniva vissuto: da pochi secondi a molti mesi, a seconda dell'evento che lo caratterizzava. Ecco che si susseguivano sullo schermo una carrellata di momenti intensi della vita di una persona: la gravidanza di una donna, il bacio appassionato di due amanti, una lite furiosa tra due persone, il parto del primo figlio. Quelli appena ricordati sono tutti veri e propri momenti di trance ipnotica.

Ritornando per un attimo alle nostre riflessioni iniziali sulla questione ipnosi, la chiave di volta dei dibattiti e dei timori ad essa legati è l'idea che si possa manipolare l'inconscio di chi viene ipnotizzato. Idea che ha contribuito a costruire una vera leggenda sugli ipnotizzatori, dipinti come persone capaci di esercitare un dominio quasi onnipotente sulla mente altrui, grazie ad una sorta di fascino ammaliatore ed irresistibile. Una visione hollywoodiana ben distante dalla realtà effettiva del fenomeno ipnosi: esso non include nulla di magico o di soprannaturale, tanto meno di miracoloso. Chiunque ipnotizzi qualcuno non è in grado di inculcargli idee che non gli appartengano, o di fargli fare alcunché che il soggetto sotto ipnosi non voglia. Nessun segreto, nessuna sconcertante rivelazione, possono essere carpiti grazie all'ipnosi: il soggetto ipnotizzato rimane sempre cosciente, in grado di prestare attenzione a quello che gli accade intorno e perfettamente in grado di reagire.

Ecco cos'è l'ipnosi: uno stato di particolare rilassamento, che può essere indotto attraverso una serie di tecniche ben precise; uno stato che amplifica le nostre sensazioni interne e può permetterci di raggiungere stati emotivi di profonda e completa distensione. Niente di più.

In generale anzi, è una pratica che può aiutare le persone ad accedere a risorse di cui sono in possesso, ma che non riescono ad utilizzare, sviluppando così al meglio potenzialità nascoste. L'ipnosi cioè può consentire di assumere la padronanza di tutti quei processi inconsci che regolano le nostre abitudini, le nostre credenze e ciò che stabiliamo essere i nostri limiti. Un fenomeno complesso dunque, che possiede molteplici sfaccettature.

2.2 - Vaghezza del linguaggio

Il meccanismo su cui si basano le strategie ipnotiche è semplice e duplice: consiste per prima cosa in un processo associativo tra determinate parole e certi particolari stati d'animo. Ogni volta che utilizziamo un certo termine, come per esempio la parola "sesso", accediamo a livello inconscio ad una serie di ricordi ed emozioni che leghiamo alla sua definizione. In pratica quel termine è il pulsante di accesso al nostro *jukebox* mentale. Ecco spiegato perché le parole riescono a cambiare il nostro stato d'animo, migliorando o peggiorando il nostro umore.

Una volta chiarito questo processo, è sicuramente più agevole comprendere il secondo elemento su cui si basano le strategie ipnotiche: il fenomeno cosiddetto di *riempimento dei contenuti*. Pensiamo alla formulazione di un messaggio: quando costruiamo la frase, operiamo una certa selezione di parole e concetti. Così facendo definiamo in un modo univoco anche i contenuti emotivi che quelle parole possono evocare. Tuttavia, in realtà i contenuti emotivi sono soltanto nostri, del tutto soggettivi.

Riflettiamo invece su quale grande opportunità possa essere per noi il formulare in modo volutamente vago le nostre comunicazioni. Utilizziamo un modo di esprimerci privo di riferimenti precisi, mantenendoci incerti da un punto di vista linguistico: così facendo permetteremo al potenziale partner di completare la vaghezza, proiettando egli stesso nella frase i suoi contenuti e le sue esperienze personali. Gli permetteremo cioè di personalizzare quei contenuti volutamente vaghi, arricchendoli con significati del tutto personali e proprio per questo per lui molto più significativi ed evocativi.

Non dobbiamo mai dimenticare, infatti, che non esiste una realtà oggettiva unica, valida universalmente per chiunque, e che ognuno di noi si costruisce una sua *mappa* interpretativa del mondo, basata sulle sue esperienze e valori di riferimento: un punto di vista, un filtro sempre presente, che non potremo mai, dall'esterno, conoscere nella sua interezza. Ecco spiegato come mai il solo modo di comprendere a fondo un'altra persona è quello di utilizzare un linguaggio volutamente vago ed astratto, che lui possa adattare al suo schema interpretativo.

Facciamo un esempio. Mettiamo il caso che stiamo parlando con il nostro potenziale partner e vogliamo fargli provare uno stato emotivo di allegria e positività. In genere verrebbe spontaneo raccontare una nostra esperienza, che sia una giornata trascorsa con gli amici o una festa in un locale, descrivendo gli avvenimenti, le persone e i fatti per filo e per segno. Sarebbe però una strategia poco efficace, perché riempiremmo il racconto di significati emotivi che in realtà sono solo nostri. Potremmo perciò non raggiungere il fine che ci siamo preposti. Ecco invece in che modo sarebbe più opportuno gestire la conversazione: "Sai, questa serata con te mi ha fatto tornare in mente una festa in cui mi sono davvero divertito. Le sensazioni che ho provato, le persone, i suoni e le voci che vedevo e sentivo intorno a me: tutto mi fa tornare il buonumore. Immagino che sarà successo anche a te di vivere esperienze simili...".

Una frase del genere non dice un granché sulla nostra esperienza, non scende nei particolari. Eppure permette al nostro interlocutore di rivivere la medesima situazione, ripescandola nei ricordi del suo passato: perché è evidente che avrà provato delle sensazioni, avrà visto delle immagini e sentito dei suoni. E lo mettiamo in grado di attingere alle sue risorse emotive personali, che noi non potremo mai conoscere, almeno non del tutto. In questo modo sarà lui stesso ad attribuire un significato soggettivo alle nostre parole, riempiendole con i suoi contenuti e le sue esperienze. La potenza di questa semplice strategia sta proprio in questo: riuscire a trasmettere all'interlocutore la sensazione di essere capito davvero. Riuscire cioè a guadagnarci la sua fiducia.

E' un po' la stessa tecnica che attuano maghi e cartomanti, anche se portata all'eccesso e con un fine ben diverso: non fanno altro che ricalcare la nostra esperienza emotiva, osservando con attenzione le nostre richieste, le nostre reazioni e gli stati d'animo che le loro parole suscitano in noi. Sulla base di queste informazioni formulano poi delle affermazioni volutamente vaghe e generiche, che però suonano precisissime all'interlocutore, per il semplice fatto che è lui stesso a riempirle e a dargli senso con i suoi contenuti e ricordi. "Vedo che hai sofferto molto... una sofferenza che sembra legata ad una scomparsa, a qualcosa o qualcuno che non è più presente accanto a te...". Sofferenza e scomparsa. Due parole generiche, perché vuote, se prese in sé per sé. Ma che possono includere qualsiasi tipo di esperienza concreta, da una perdita ad un semplice allontanamento, che con buone probabilità tutti abbiamo già vissuto.

2.3 - Mente inconscia

Torniamo un attimo alla metafora del *jukebox* mentale, immaginiamo che esso sia diviso in due scomparti: da una parte tutte le canzoni d'amore e dall'altra tutte le rimanenti. Allo stesso modo il cervello umano è suddiviso in due emisferi, ognuno deputato ad un diverso tipo di attività; l'emisfero destro è l'area cerebrale destinata a gestire tutta la sfera emozionale della vita di una persona: sentimenti, creatività, sensibilità, emozioni. L'emisfero sinistro invece è preposto a tutte le attività che fanno capo alla sfera della razionalità, quindi il pensiero, l'elaborazione delle informazioni, la logica. Come a dire che il cuore e la mente, i sentimenti e la ragione albergano anche materialmente in due settori ben distinti del cervello, vera e propria unità che gestisce tutti i processi biologici e irrazionali di ognuno di noi esseri umani.

Questa distinzione è alla base di qualunque tecnica ipnotica, anche grazie ad un altro importante motivo: il fatto che il cervello di un individuo è sottoposto ad un limite ben preciso, per quanto concerne la sua capacità di gestire dati e contenuti informativi. Limite che il cognitivista George Miller ha identificato con un intervallo che oscilla tra le cinque e le nove informazioni: il nostro cervello è in grado di avere a che fare in contemporanea con "sette più o meno due" parti di informazione, non una di più. Superare questo intervallo informativo significa entrare in uno stato confusionale, tanto più intenso quanto più si oltrepassa la soglia indicata.

E' proprio questo sovraccarico di informazioni la base delle tecniche ipnotiche. La strategia in genere è la seguente: generare confusione nella parte sinistra del cervello di una persona, proponendole ragionamenti complessi e fornendole un numero elevato di informazioni da gestire. Allo stesso tempo distrarre la parte destra, emotiva e spontanea, entrando in comunicazione con essa attraverso la rievocazione di ricordi e sensazioni. Così facendo è possibile entrare in contatto con l'inconscio di una persona in modo più agevole.

Proprio perché l'ipnosi è un fenomeno naturale, in qualità di *ottimi seduttori* dobbiamo essere in grado di utilizzarla: è uno strumento davvero utile nelle strategie di conquista dei potenziali partner. Vogliamo entrare in comunicazione diretta con la mente inconscia della persona che ci interessa? Ad esempio possiamo farla entrare in uno stato di profondo rilassamento, parlando di situazioni del passato che gli facciano rievocare una serie di ricordi piacevoli ed emozioni positive e coinvolgenti. Possiamo stimolarne l'immaginazione, invitandola a raccontarci quali sono i suoi sogni, visualizzandoli e descrivendoli in modo particolareggiato: sono proprio questi elementi a far sì che il cervello umano rievochi le emozioni e le sensazioni più forti ed intense, facendole rivivere con intensità e catapultando l'individuo direttamente nel pieno di uno stato ipnotico di trance.

Tenendo conto della dualità della struttura del cervello, possiamo anche strutturare le nostre frasi in modo da soddisfare sia la parte logica sia la parte emotiva della mente del potenziale partner: nel parlare di un certo argomento, diamo prima le nostre motivazioni, quindi citiamo degli esempi. Nel primo caso avremo soddisfatto la parte logica, la sede della razionalità; con il secondo invece, daremo soddisfazione alla parte più irrazionale, legata all'emotività. Un approccio del tipo "Sai, interessarsi alla persona che hai di fronte non è mai facile, a volte penso che siamo tutti troppo concentrati su noi stessi... mi ricordo che una volta ero seduto in un bar, e improvvisamente..." è solo uno schema di massima, ma serve a dimostrare in che modo potremmo sfruttare il dualismo tra logica ed emotività, catturando velocemente l'attenzione dell'interlocutore. Avremo così tutto il tempo per inserire nuove strategie linguistiche all'interno delle frasi stesse.

2.4 - Metodo B.R.U.N.O.

La strategia seduttiva più efficace che in questi anni sono riuscito a costruire è composta da cinque fasi, racchiuse nell'acronimo *B.R.U.N.O.*:

- *Buonumore*: vuol dire sprigionare positività, avere un atteggiamento mentale aperto e giocoso.

- *Rievocazione*: consiste nel rievocare lo stato d'animo che desideriamo nel nostro potenziale partner.

- *Universalità*: significa integrare nel nostro discorso le esperienze che l'altra persona sta vivendo in quel momento, utilizzando un linguaggio vago e universale.

- *Narrazione*: consiste nel raccontare aneddoti e metafore nei quali si possa immedesimare, utilizzando la sua stessa strategia di innamoramento.

- *Opportunità*: significa utilizzare una serie di presupposti e distorsioni per cogliere le opportunità di chiusura e raggiungere l'obiettivo finale.

Vediamo queste fasi una ad una, andando a scoprire gli strumenti linguistici che il modello ipnotico ci offre in ogni singola fase.

2.5 - Buonumore

La prima fase è tanto semplice quanto fondamentale perché riguarda noi stessi, il nostro stato d'animo, il nostro modo di porci di fronte agli altri. Se vogliamo ispirare sicurezza e buoni sentimenti, dobbiamo essere i primi ad entrare in uno stato adeguato.

Non sottovalutiamo l'importanza di questo aspetto: se non ci sentiamo a posto, se abbiamo qualche paura, se il nostro sguardo e la nostra fisiologia trasmettono insicurezza, lasciamo perdere. Rimandiamo ad un momento più adatto, un momento in cui ci sentiamo pronti e sicuri, convinti che non esistono fallimenti, ma solo risultati. Vale sempre la massima "prima di stare bene con gli altri, dobbiamo stare bene con noi". E allora prima di andare alla carica, carichiamo noi stessi: entriamo nel giusto stato, ripensiamo ai nostri successi passati, allarghiamo le spalle, alziamo lo sguardo e sprigioniamo il nostro buonumore.

2.6 - Rievocazione

La seconda fase, puramente linguistica, è la base su cui costruire l'intero spettacolo della seduzione. Proprio per questo abbiamo a disposizione diversi e validi strumenti:

- *Domande evocative*: sono domande che rievocano stati d'animo intensamente emozionali. Ad esempio: *"Ti è mai capitato di* provare una profonda emozione per qualcuno? *Non so se sai cosa si prova a* innamorarsi della persona che hai di fronte. *Sai quando* ti senti perfettamente a tuo agio? *Hai presente quando* conosci uno e ti lasci incuriosire dalla sua voce? *Come ti senti quando* sei davvero soddisfatto? *Come ti sentiresti se* tu potessi volare in cielo?". Certo, frasi come queste non garantiscono l'innamoramento immediato. Possono permettere però di creare uno spazio particolare nella mente del nostro interlocutore, uno spazio più aperto e sensibile alle emozioni: infatti questa forma di domande è molto valida per aggirare eventuali resistenze da parte della persona che vogliamo conquistare. Si tratta di impartire dei comandi nascosti ponendoli sotto forma di domanda, nei quali però è già implicita la risposta.

Proviamo anche a dire: *"Mi chiedo/non so/sono curioso di sapere...* se ti stai rendendo conto di quanto appari rilassata e a tuo agio"*. In effetti in questo caso non si tratta di una vera e propria domanda, quanto di un'affermazione che presupporne già la risposta. Si costringe cioè il partner a sentirsi rilassato e a proprio agio. Queste ultime si chiamano *domande nascoste*, e consentono di costruire delle vere e proprie suggestioni a finale aperto: sono delle costruzioni sintattiche che consentono una risposta di qualsiasi tipo, lasciando al nostro interlocutore la piena libertà di provare determinate sensazioni. "Sai, stiamo imparando a conoscerci molto profondamente... *non so come questo rapporto potrà influenzare le nostre vite... in che modo cambierà il nostro modo di esprimerci l'uno con l'altra...*". Domande che non hanno forma interrogativa, ma che comunque stimolano una risposta a livello inconscio nel potenziale partner. Ancora una volta abbiamo utilizzato una frase vaga, che però presuppone tante sensazioni, una forte intesa e un futuro insieme. Al tempo stesso è una vera e propria suggestione che esprime quanto non sia facile rendersi conto subito dei cambiamenti, dal momento che non possiamo sapere in che modo e con che forma si esprimeranno. Esistono poi i postulati di conversazione, anche noti come *domande retoriche*: quesiti come "Ti dispiacerebbe sederti vicino a me?", cui non si risponde con un sì/no ma che si eseguono come fossero comandi diretti, nascosti però dietro ad una forma interrogativa che non crea alcuna resistenza emotiva.

- *Comandi negativi*: attraverso le parole che utilizziamo quotidianamente ci è possibile lanciare delle suggestioni ipnotiche, molto utili per favorire il conseguimento dei nostri scopi seduttivi. Una di queste, davvero semplice quanto immediata, è la negazione: il nostro interlocutore non la recepirà a livello conscio, ma in modo inconscio, evitandone così il controllo. Ancora una volta l'esempio concreto può chiarire al meglio l'argomento. "Pensa ad un bel vestito di velluto nero a pois bianchi". A queste parole, il nostro cervello ha elaborato l'immagine del vestito e noi l'abbiamo visualizzata, immaginandone il tessuto e il colore. Ora invece vediamo cosa succede se diciamo "*Non* pensare ad un bel vestito di velluto nero a pois bianchi". Assolutamente la stessa cosa: così come prima, il nostro cervello avrà elaborato l'immagine del vestito nero a pois bianchi. Questo si verifica perché, nonostante la potenza incredibile del cervello umano, esso non è in grado di elaborare tutte le parole utilizzate nel nostro linguaggio quotidiano. O meglio ne elabora una alla volta, quindi visualizzeremo il vestito nero anche se prima di esso abbiamo inserito la negazione. Quindi un invito a *non* immaginare qualcosa, in realtà si traduce ugualmente nella visualizzazione di quel qualcosa.

E' evidente la potenza insita in questa proprietà: proviamo a dire alla persona che vogliamo conquistare una frase come "Quando conosci una persona, *non* è facile provare un'attrazione folle istantaneamente...". Il cervello ignorerà la negazione, perciò quello che sembra difficile diventa in realtà facile. Inoltre utilizzando la negazione nascondiamo il comando ed eliminiamo ogni forma di resistenza inconscia: appariremo infatti lontani e distaccati perché abbiamo detto in modo esplicito, anche se solo all'apparenza, tutto il contrario di quanto era nelle nostre intenzioni seduttive. Infine la obblighiamo a vivere il termine "attrazione folle", e sappiamo bene quanto è potente questo tipo di visualizzazione: in effetti la rappresentazione di un sentimento è molto efficace e merita un discorso specifico. Quando si tratta di immaginare un sentimento, più che un semplice oggetto, il risultato è molto più profondo in quanto costringiamo l'altra persona a rivivere dentro di sé proprio quello stato d'animo. E' come se avessimo le chiavi del suo *jukebox* mentale e potessimo accedere ai suoi dischi più preziosi ogni volta che vogliamo. E in quel momento noi siamo lì di fronte a lei, pronti ad essere associati a quello stato d'animo positivo: la negazione è dunque una delle basi su cui instaurare dei sentimenti di rilassatezza, con cui mettere a proprio agio chi ci parla; un ottimo substrato sul quale costruire un rapporto più profondo.

Un'altra espressione utilizzabile in questo senso potrebbe essere: "*Non è necessario che* tu ti senta *subito* affascinata da me". Una frase che presuppone l'accesso allo stato d'animo che abbiamo stabilito grazie all'utilizzo di un indicatore temporale: in pratica spostiamo l'attenzione sul quando, dando già per scontato che prima o poi questa persona proverà attrazione nei nostri confronti. La frase utilizza anche il "non", cosicché il cervello, non potendo elaborare la negazione, creerà quel senso di bisogno e di necessità che prima non esisteva.

Possiamo anche dire: "Non ti stai *innamorando* di me, vero?". E' migliore in quanto questa forma temporale viene visualizzata dal cervello non come un'immagine statica, bensì come una sequenza, come un film, quindi in grado di rievocare uno stato d'animo in modo ancora più forte. Infatti da diversi studi risulta che la maggior parte delle nostre "decisioni importanti" hanno come base proprio una sequenza di immagini: esse vengono proiettate dal nostro cervello e ci vedono protagonisti proprio come in un film. E il fatto di immedesimarci e vivere tutte le sensazioni associate, influisce in maniera determinante sul nostro processo decisionale. Ecco perciò che mentre stiamo seducendo una persona che ci interessa, possiamo provare a farle visualizzare noi due insieme, a passeggio mano nella mano, e così via.

- *Comandi nascosti*: consistono nell'inserire all'interno della frase alcune suggestioni, utilizzando dei cambiamenti di tono e modulando la voce in modi diversi. Ecco un esempio: "Sai, penso che *l'amore* sia un processo molto particolare... *per me* non è facile gestire certe emozioni. Tu che ne pensi?". Le parole in corsivo vanno pronunciate con un tono di voce più profondo, oppure associate ad un particolare modo di gesticolare. In questo modo la mente inconscia della persona cui ci stiamo rivolgendo assocerà le parole tra loro e recepirà un messaggio del tipo "L'amore per me". Così facendo, attraverso questa suggestione nascosta, la indurremo a vivere uno stato d'animo di amore nei nostri confronti: si sentirà a suo agio con noi e man mano legherà la soddisfazione delle sue esigenze emotive alla nostra presenza.

Vediamo ora un altro tipo di comando: "Penso che la gente, *Giulia, con facilità può prendersi una cotta. Per me* è così, spesso mi accade che...". In questo modo, inserendo al centro il nome della persona (in questo esempio Giulia, appunto), possiamo associarlo al resto della frase. Con un sapiente uso della punteggiatura, del tono di voce e delle pause, possiamo darle di nascosto il comando, molto chiaro e preciso, di innamorarsi di noi.

Il desiderio aumenterà in modo immediato, tanto più se riusciamo a sfruttare con un po' di accortezza alcuni termini il cui effetto è realmente molto potente. La parola "ora", ad esempio, funziona infatti come comando nascosto e può essere inserita senza troppa fatica all'interno di qualsiasi contesto comunicativo. Proviamo con la frase: "Immagina un giorno in cui ti sentivi in pace con te stesso, una situazione in cui eri profondamente rilassato...". Completiamola quindi con la parola magica: "...*Ora, pensa a ieri mentre eravamo insieme camminando sul lungomare...*". Così facendo, anche se il termine "ora" è posizionato nella seconda frase, noi possiamo riuscire a legarlo alla prima. Dobbiamo solo usare un adeguato tono di voce, gestire in modo accorto le pause scandendo le parole in un certo modo: se fosse un testo scritto, si tratterebbe di modificare la punteggiatura delle nostre parole. Con questi accorgimenti semplici, riusciremo a trasmettere al nostro interlocutore un vero e proprio messaggio di tipo subliminale, "rilassato... ora" che lo farà sentire a suo agio proprio mentre sta parlando con noi.

Il principio di base è lo stesso della *disseminazione*, ovvero riempire le nostre frasi di parole chiave che evochino stati d'animo di attrazione e interesse: una sensazione di libertà, emozioni forti e sentimenti legati all'innamoramento. Ad esempio dicendo al potenziale partner: "Sai una cosa? Io mi apro molto quando ti parlo di me. E lo faccio con sincerità e libertà. Mi piace raccontare quello che penso, cosa faccio...". Aver utilizzato parole come sincerità e libertà, induce il partner ad accedere a quei determinati stati d'animo, all'interno del suo *jukebox* mentale. E di conseguenza a sentirsi libero di aprirsi a sua volta, di confidarsi e comunque di sentirsi a proprio agio quando parla con noi.

Altra tecnica molto potente è quella di riportare un dialogo o una *citazione* di una frase pronunciata da qualcun altro. In questo modo è possibile dare dei comandi nascosti diretti senza apparirne l'artefice. Proviamo a dire: "Sai, mio nonno mi diceva sempre: 'Guardati intorno e troverai l'amore che stai cercando!'...". E magari mentre pronunciamo questa frase proviamo a puntare la mano verso di noi e modifichiamo il tono di voce in corrispondenza del comando. Sicuramente l'attenzione del nostro interlocutore sarà direzionata verso di noi e la sua mente inconscia dovrà per forza elaborare quella frase e tenerne conto. E sempre inconsciamente comincerà a guardarsi intorno… e troverà proprio noi.

- *Causa/Effetto*: possiamo rafforzare il nostro discorso seduttivo anche utilizzando degli indicatori temporali. Questi elementi del discorso sono in grado di creare una forma di rapporto causa-effetto tra due frasi che all'apparenza sembrano scollegate. "Non so se hai notato che *più* stiamo qui a parlare, *più* ti rilassi e ti distendi, e il tuo viso si rasserena *fino al punto che* ti rendi conto di essere davvero a tuo agio". Un parlato che sembra quasi difficile da capire, fatto di frasi all'apparenza scomposte. Che però genera volutamente quel grado di lieve confusione sufficiente affinché la mente conscia desista dall'opporre resistenza e possa accettare i nostri comandi nascosti.

2.7 - Universalità

La terza fase, che consiste nell'utilizzare un linguaggio vago e universale, è uno dei modelli linguistici più efficaci usati da Milton Erickson, considerato il più grande ipnotista del Novecento. Padre dell'ipnosi indiretta, egli utilizzava delle verità evidenti ed oggettive legandole poi a precisi comandi. Un esempio è pronunciare questa frase alla persona che stiamo seducendo: "E *mentre* sei qui seduto *e* stai ascoltando la mia voce *e* puoi sentire i rumori in questa sala... non so se ti rendi conto di quanto sia piacevole sentirti a tuo agio". In realtà le due frasi non hanno alcun legame reciproco. La prima parte rappresenta una serie di verità universali, dei *truismi*, termine che deriva dalla parola inglese "true" che vuol dire appunto "vero". La seconda affermazione invece è solo una suggestione, o meglio un comando a provare una certa sensazione di agio. Il fatto però di costruire un legame tra le due frasi attraverso la struttura "mentre... e... e..." rende vera, a livello inconscio, anche la seconda. Frase che tra l'altro risulta stemperata dall'utilizzo di elementi come "non so se..." e "ti rendi conto di...". Questi elementi presuppongono infatti che l'emozione si verifichi veramente e che, al limite, sia l'interlocutore a non essersene accorto.

Questo passaggio si spiega anche con la teoria del campo affermativo: dopo che abbiamo risposto di "sì" a diverse domande o affermazioni in sequenza, ci verrà spontaneo continuare sulla stessa linea, assecondando anche ulteriori richieste. Se abbiamo già pensato "Sì, sono qui seduto", "Sì, sento la tua voce", "Sì, sento i rumori", allora ci verrà automatico pensare anche "Sì, mi sento a mio agio". Non per niente questa tecnica molto potente ha un ampio utilizzo anche nell'ambito commerciale come tecnica di vendita. L'esperto venditore in genere prima pone una serie di domande piuttosto banali, che presuppongono una risposta positiva. Solo dopo questa sequenza di assensi, passa a proporre il suo prodotto. Ad esempio: "Lei tiene alla sicurezza dei suoi figli? Ha a cuore la salute dei suoi cari? Lei rispetta l'ambiente in cui vive?... Bene, ecco perché la nostra automobile è proprio quella che fa al caso suo. Si tratta di un'auto affidabile, sicura, dotata di dispositivi di sicurezza attiva e passiva di ultima generazione. Il suo motore poi rispetta tutte le normative europee sull'inquinamento dell'ambiente" e così via.

Alla luce di queste considerazioni, dopo la fase in cui abbiamo evocato lo stato d'animo, fermiamoci un attimo ad osservare le reazione del potenziale partner. E semplicemente includiamo quello che vediamo nelle nostre parole, attraverso l'espressione "mentre... e...".

Ad esempio, se vediamo curiosità nei suoi occhi, diciamo "*mentre* mi guardi negli occhi *e* stai provando questa sensazione di curiosità, mi chiedevo se ti stai rendendo conto di quanto ci troviamo bene insieme...". Oppure se vediamo che la sua attenzione viene presa da qualcuno che sta passando lì vicino, non facciamo finta di nulla, anzi integriamo anche questo: "*mentre* guardi questa persona che passa *e* ascolti la mia voce, non so se ti rendi conto di quanto è piacevole stare qui...".

Integrare nel nostro linguaggio l'esperienza che l'interlocutore sta vivendo in quel momento non significa solamente abituare il suo inconscio a dire di sì, ma significa anche dargli comprensione, fargli capire che noi viviamo insieme a lui certe emozioni. Significa guadagnare la sua fiducia e penetrare nella sua mente. A quel punto siamo pronti per affrontare la quarta fase.

2.8 - Narrazione

Ora che padroneggiamo i principali elementi strategici e tattici, possiamo passare alla fase successiva, quella delle suggestioni attraverso la narrazione di racconti e riferimenti autorevoli. In fondo siamo noi i leader dello spettacolo della seduzione: siamo noi gli *ottimi seduttori*, siamo noi a condurre il gioco, controllandone i tempi e i modi. Anche se il potenziale partner è al centro della nostra attenzione, siamo noi a gestire lo spazio della scena. Quando diamo il via alla nostra azione di conquista siamo sempre e comunque in vetrina, ci mettiamo in gioco, siamo sotto ai riflettori, pronti ad affascinare i nostri interlocutori con tecniche di comunicazione persuasiva molto potenti: le metafore e gli aneddoti. Si tratta di strategie del discorso attraverso le quali possiamo raccontare nostre affascinanti esperienze di vita, trasmettendole in termini vaghi e generici. Così risulteranno slegate dal nostro singolo caso concreto, e permetteremo al potenziale partner di identificarsi con il nostro racconto, riferendo le nostre parole alle sue esperienze personali.

- *Metafore*: non sono altro che dei racconti, simili alle favole o alle parabole, in cui dobbiamo creare dei personaggi rassomiglianti alla persona che vogliamo conquistare. In questo modo la indurremo ad identificarsi con la situazione narrata, permettendo alle suggestioni eventualmente presenti nella storia di avere su di lei una presa migliore e più forte. E' il cosiddetto processo di *ricerca transderivazionale*: quando cioè ognuno di noi effettua una ricerca nei suoi ricordi, nei suoi pensieri, per dare un senso a quello che ascolta, integrandolo con quei contenuti che sono significativi per lui; in questo modo riesce ad identificare se stesso e la sua vita con l'episodio che sente raccontare. Ecco perché è fondamentale l'isomorfismo, ovvero l'equivalenza tra personaggi ed eventi della nostra storia metaforica e le persone ed i luoghi della vita reale e della vita del nostro potenziale partner in particolare. Milton Erickson parla proprio di *associazione indiretta*: trattando di esperienze, fatti, situazioni e persone della nostra vita, l'interlocutore può associarne di personali. Che tali racconti siano reali, effettivamente accaduti, piuttosto che inventati, è irrilevante ai fini del nostro scopo.

Facciamo un esempio: "Secondo me l'amore è *come* le montagne russe al luna park. Provi delle sensazioni eccitanti, delle emozioni incredibili, ti diverti. E al tempo stesso ti senti protetto e al sicuro. Ora, secondo me..." e così via. Seppur molto breve, questa metafora ci consente di lanciare diverse suggestioni: magari il nostro potenziale partner non vuole iniziare una storia perché ha paura di soffrire o di lasciarsi andare. E noi gli mandiamo dei messaggi subliminali che dicono esattamente il contrario: l'amore è piacevole ed eccitante, e al tempo stesso è sicuro; quindi ora può lasciarsi andare.

- *Aneddoti*: si tratta di rielaborare quello che vogliamo che succeda tra noi e il potenziale partner come se ne fosse protagonista qualcun altro, un amico o un conoscente. Ad esempio, possiamo fare un primo tentativo di applicazione di questa tecnica raccontando al partner dell'ultima persona che abbiamo conquistato, di quanto si sentisse attratta da noi, di quale eccitante desiderio fosse pervasa. Così facendo, in modo quasi automatico, l'inconscio del partner si immedesimerà nelle nostre parole e si rappresenterà quelle stesse sensazioni, quegli stati d'animo, associandoli a noi che gli siamo di fronte. Oppure possiamo provare con una frase del tipo: "Sai, una mia amica mi ha raccontato di aver incontrato un ragazzo, che l'ha davvero folgorata. Hai presente il cosiddetto colpo di fulmine? Si sono guardati negli occhi e si è creata un'intesa incredibile in un solo sguardo. A te è mai capitata un'esperienza del genere?".

Naturalmente, nulla ci vieta di unificare in un solo racconto più tecniche differenti, come i comandi nascosti, l'evocazione di stati d'animo emotivi o il cosiddetto "tu narrativo". Grazie a quest'ultimo strumento possiamo spostare agevolmente l'attenzione sul potenziale partner, senza però farlo in modo troppo plateale; proviamo con: "Io credo nei colpi di fulmine. Sai quando *ti* capita di vedere una persona e capire subito che per *te* è speciale?". In questo modo obblighiamo il potenziale partner a rivivere in prima persona determinati stati d'animo all'interno del suo *jukebox* mentale ed a predisporsi per essere conquistato.

Un modo molto efficace può anche essere il raccontare un episodio che abbiamo letto su una rivista o abbiamo visto in televisione: "Sai, leggevo su un settimanale un articolo che tratta di come le donne si innamorano. A quanto pare, quando una donna incontra l'uomo, inizia ad immaginarsi con lui in diverse situazioni, come se stesse verificando la possibilità di passare con lui tutta la vita. Ora, tu che ne pensi? Ti è mai capitata una cosa del genere?". La validità di questa tecnica è data dall'autorità della fonte: la suggestione va in profondità, tanto più è autorevole la nostra fonte. Al riguardo, proviamo a fare un piccolo test; leggiamo queste frasi: "secondo me il colpo di fulmine esiste"; "una volta mi sono innamorato istantaneamente di una persona, un vero colpo di fulmine"; "una mia amica una volta si è innamorata istantaneamente di un ragazzo"; "leggevo su una rivista che il colpo di fulmine è un fenomeno ormonale"; "ho visto una trasmissione televisiva in cui dicevano che il colpo di fulmine è una questione di ormoni". Si sente subito che c'è tra loro una bella differenza, vero? Si va da una semplice opinione personale ad un fatto accaduto in televisione. Pensiamo a tutte le notizie che trasmette ogni giorno il telegiornale: non ci verrebbe mai il dubbio che possa non trattarsi della verità. D'altra parte è una fonte autorevole e condivisa da tutti, perché proprio noi dovremmo mettere in dubbio le notizie? Robert Cialdini, vero e proprio scienziato della persuasione, risponde a questa domanda citando il principio di "riprova sociale": il fatto cioè che siamo tutti più o meno fortemente dipendenti dall'approvazione degli altri, per cui esiste o è vero solo ciò di cui gli altri parlano, ciò in cui gli altri credono. A qualcuno sarà capitato, in una o più occasioni, di mettere da parte una certa idea perché era il solo a pensarla, adeguandosi in questo modo al pensiero dominante della maggioranza.

Proprio allo stesso modo il nostro potenziale partner si adeguerà, a livello inconscio, all'idea che il colpo di fulmine esiste veramente, anche se fino a pochi minuti prima pensava il contrario. E così più fonti citiamo, che siano una rivista, un amico o la nostra stessa esperienza, più riusciremo a persuadere il potenziale partner delle nostre idee, fino al punto di creare in lui delle vere e proprie convinzioni sull'innamoramento. E se all'inizio ci ha detto di non credere nei colpi di fulmine, dopo le nostre parole comincerà sicuramente a ripensarci e a mettere in dubbio la vecchia convinzione limitante. E la nuova credenza lo porterà a lasciarsi andare molto più facilmente.

2.9 - Opportunità

Ed è così che arriviamo alla quinta ed ultima fase, quella che in ambito commerciale corrisponde alla chiusura del contratto. Come possiamo ottenere un appuntamento? O come possiamo strappare un sì alle nostre proposte? Vediamo quali strategie abbiamo a disposizione per cogliere ogni opportunità che ci si presenta.

- *Presupposti*: il loro utilizzo può essere molto efficace ad esempio per convincere il potenziale partner ad accettare un nostro invito galante. Proviamo a pensare al tipico modo in cui in genere gli proponiamo un appuntamento: "Ti andrebbe di uscire con me domani sera?". Ora modifichiamo la frase in "Domani sera andiamo a cena fuori. Passo a prenderti alle 20, va bene?"; così facendo avremo cambiato non solo le parole, ma il significato stesso del messaggio e il nostro modo di porci rispetto al potenziale partner. Da una timida richiesta che quasi anticipa una risposta negativa, ad un modo di proporsi molto più sicuro di noi, come se già presupponessimo una risposta positiva.

Una modalità ancora più efficace sarebbe poi chiedere: "Domani sera preferisci mangiare una pizza o ti va il cibo cinese?"; così dicendo avremo espresso un messaggio decisamente più efficace e persuasivo, prima di tutto perché diamo sempre per scontato che il potenziale partner abbia già accettato l'uscita, secondo perché mostriamo sensibilità e attenzione verso i suoi gusti. Insomma, ci proponiamo in modo aperto e cordiale costringendolo però ad una *falsa scelta*: le opzioni disponibili infatti presuppongono comunque che lui abbia già accettato di uscire con noi a cena. Un ulteriore elemento di efficacia è poi il fatto che la proposta così formulata costringe il potenziale partner a visualizzare una buona pizza o un'esotica tavolata cinese, cosa che rende più vivida, concreta e tangibile l'idea di uscire insieme. Facciamo un ulteriore esempio, con una frase del tipo "Hai notato quanto ci troviamo bene a parlare insieme?". Una frase così costruita presuppone infatti che la persona che vogliamo conquistare si stia trovando particolarmente a suo agio con noi, ma che tutt'al più non lo abbia ancora notato. E' come se tra le righe le avessimo detto: "Tu stai bene con me, ed è solo una questione di tempo che tu te ne renda conto a livello conscio". Detta in questo modo però, il messaggio non incontrerà alcuna resistenza.

- *Distorsione temporale*: un'altra tecnica ipnotica molto utile con il potenziale partner è quella basata sul cosiddetto fenomeno della distorsione del tempo, che nasce tenendo presente che il cervello umano non distingue tra un ricordo di un'esperienza vissuta davvero e un'esperienza che abbiamo immaginato in maniera dettagliata ed emotiva. Ricordo e invenzione vengono poste allo stesso livello dai neuroni: nel sonno ad esempio le immagini, i suoni, le sensazioni ci sembrano assolutamente reali e il nostro corpo reagisce esattamente come se quella fosse la nostra realtà. Facciamo una prova, immaginiamo per un istante di trovarci seduti al banco di scuola: riusciamo a ricordare i nostri compagni, gli insegnanti, quelle scomode sedie? Ora immaginiamo che un nostro amico si stia alzando, si stia dirigendo verso la lavagna. Improvvisamente ci mostra le sue mani e... iiiiih.... l'agghiacciante stridio delle unghie sulla lavagna! Che fastidio, che brividi, non è vero? Ebbene sì, il nostro corpo risponde fisicamente anche a situazioni solamente immaginate.

E allora perché non sfruttare questa sorta di miopia del cervello per favorire il successo delle nostre strategie seduttive? Ancora una volta basterà agire sull'inconscio della persona che vogliamo conquistare: tenendo presente questa regola, dovremo solamente fare in modo che lei viva in anticipo la nostra presenza nel suo futuro. Per esempio, raccontando il nostro ultimo viaggio a Parigi, alla fine possiamo aggiungere: "Che bello sarebbe poterlo fare insieme, io e te... prova ad immaginarlo... come ci vedi a fare una piacevole passeggiata per gli Champs Elysee? Magari per il prossimo capodanno...". Queste parole faranno sì che l'altra persona visualizzi la scena, viva lo stato d'animo positivo che le nostre parole evocano e, rivivendolo, lo associ al nostro futuro con lei. In questo modo l'immagine di noi insieme sarà legata in modo indelebile al piacere e alla serenità: innanzitutto perché la visualizzazione chiara di una certa scena futura, con tutti i particolari concreti, implica una migliore focalizzazione e quindi ne facilita il conseguimento effettivo. Inoltre perché visualizzare qualcosa vuol dire viverla mentalmente, perciò anticiparla e abituarsi ad essa, farla già propria. E questa sorta di assuefazione può facilitarci molto nel caso che il nostro potenziale partner sia una persona piuttosto timida.

Un metodo decisamente semplice insomma, applicabile con facilità. Ancora più efficace se la persona che vogliamo conquistare, oltre a visualizzare l'immagine del suo futuro insieme a noi, si rappresenta anche tutti gli eventi che giorno dopo giorno l'hanno portata a quel momento. Come una sorta di rewind, un riavvolgere il nastro della memoria rivivendo gli eventi dal futuro al presente, come se fosse il flashback di un film. Ad esempio proviamo con una frase del tipo: "Oggi siamo stati davvero bene, non trovi? Pensa che soddisfazione, tra qualche mese, quando ti guardi indietro e ti rendi conto di essere davvero felice per aver saputo approfittare di questa occasione di trascorrere insieme una giornata così speciale. Sorridi soddisfatta e pensi: 'è stato un giorno ricco di emozioni intense, ha dato una vera svolta alla mia vita'...".

In pratica il trucco sta nell'utilizzare il *tempo presente* per parlare del domani, e il *tempo passato* per parlare dell'oggi. Quindi se diciamo "e ti rendi conto di essere davvero felice per aver saputo approfittare..." parliamo di oggi utilizzando il tempo passato, fissandolo così nel cervello del potenziale partner come se ormai fosse già accaduto. Prendiamo un altro esempio: "Se domani tu stai bene, è perché oggi mi hai dedicato tante attenzioni". Si chiama anche *distorsione doppia*, proprio perché si porta l'attenzione prima sul futuro, parlandone come fosse presente, e poi sul presente, utilizzando i verbi al passato.

Una volta che il suo cervello avrà elaborato quella situazione futura come se fosse presente, creandola nella sua immaginazione, sarà quasi automatico adeguare i comportamenti concreti in maniera tale da raggiungere proprio quell'obiettivo che ha già vissuto. Semplicemente il cervello sarà maggiormente focalizzato su tutti gli aspetti che lo porteranno a raggiungere quella determinata visione. A proposito della *focalizzazione*, possiamo fare un esempio più concreto: probabilmente è capitato a molti di volersi cambiare l'automobile. Dopo intere giornate trascorse tra riviste di automobilismo e cataloghi di concessionari, finalmente siamo arrivati ad una decisione: vogliamo la Smart. Ecco che a partire da quel momento, non facciamo che vedere Smart dappertutto: il nostro vicino di casa ha la Smart, il nostro collega di lavoro ha la Smart, ci sono tre Smart parcheggiate sotto casa; eppure non ce ne eravamo mai accorti! Da un lato perché il nostro cervello, come abbiamo già detto, non può gestire troppe informazioni alla volta e quindi è costretto ad ignorarne alcune; dall'altro perché ci focalizziamo sui nostri obiettivi e facciamo attenzione solo a ciò che ci può essere utile per raggiungerli. Ecco il motivo per cui è importante avere chiari i propri obiettivi: solo così infatti potremo accedere alle nostre risorse e solo così noteremo le immense opportunità che il mondo ci offre per realizzare i nostri sogni.

2.10 - Linguaggio extraverbale

Un elemento importante nel linguaggio ipnotico è imparare a gestire l'intensità del nostro *tono di voce*, modulandolo nella maniera più adatta ed efficace possibile. In fondo proprio la voce è l'arma principale fra tutte quelle che abbiamo a disposizione: una voce affascinante e profonda può contribuire alla conquista e sopratutto può rendere più incisivi i comandi nascosti che inseriamo all'interno di una frase. Ecco alcuni parametri di riferimento, cui ricorrere nelle diverse situazioni. Nel caso di affermazioni, in genere manteniamo lo stesso tono ed un'uguale intensità. Se invece poniamo degli interrogativi, siamo soliti alzare il tono soltanto alla fine, gestendolo in un vero e proprio crescendo fino al punto di domanda. Quando facciamo ricorso ai comandi, invece, è opportuno *abbassare il tono* alla fine, lasciandolo piuttosto in sospeso, proprio come se ci fossero i puntini in conclusione di ogni frase. Esistono numerosi corsi di dizione che suggeriscono svariate tecniche in questo campo. Una in particolare, già sperimentata, è davvero incredibile e può dare risultati in maniera veloce ed efficace: si chiama tecnica del "*sottotesto*" e consiste nel visualizzare, all'interno della nostra mente, le parole che stiamo dicendo. In questo modo il nostro tono risulterà più enfatico e trasmetterà maggiore sicurezza; le parole avranno un impatto molto più forte. Possiamo anche provare a concentrarci su una singola parola mentre parliamo. Pensiamo a "ti amo" mentre stiamo conversando con il potenziale partner: il nostro tono di voce sarà istantaneamente caldo, dolce, profondo. Oppure pensiamo ad "amicizia" se vogliamo esprimere determinate sensazioni; pensiamo a "ridere" se stiamo raccontando una barzelletta. Automaticamente il nostro cervello elaborerà proprio quello stato d'animo e lo trasmetterà attraverso il nostro tono di voce, i nostri occhi, le espressioni del nostro viso. Cioè grazie al nostro linguaggio extraverbale.

Anche con la nostra gestualità possiamo esprimere dei comandi subliminali. Particolarmente efficace è la tecnica dei *"puntamenti"*: mentre stiamo parlando con la persona che intendiamo conquistare, possiamo compiere alcuni gesti particolari direzionati verso di noi, puntati verso il nostro petto o all'altezza del nostro stomaco. Attraverso essi associamo a noi ogni frase positiva, ogni complimento e in generale ogni cosa che possa far identificare in noi la fonte di soddisfazione delle sue esigenze emotive. Ad esempio proviamo a dirle: "Non è facile innamorarsi, ma quando trovi persone *speciali* ogni barriera viene abbattuta...". Nel pronunciare la parola "speciali" utilizziamo un tono di voce più basso e profondo e puntiamo la nostra mano verso di noi, come a indicarci. In questo modo produrremo un'associazione visiva inconscia tra noi e l'essere speciali. Per lo stesso motivo dobbiamo stare attenti a non fare l'opposto: se ci dovesse capitare di utilizzare frasi negative o parole poco carine nei confronti di qualcuno, facciamo in modo di gesticolare verso l'esterno, quasi a scaricare da un'altra parte quella negatività. E se per caso, mentre stiamo dicendo "certe persone sono davvero *insensibili* e *fredde d'animo*" finiamo con il puntare proprio la foto del suo ex partner, tanto meglio!

2.11 - Linguaggio scritto

Creare modelli ipnotici combinando tutti gli elementi che abbiamo appreso finora può essere davvero facile e divertente. Si lascia molto spazio alla nostra creatività e più ne scriviamo più ci viene spontaneo. Alcuni dei comandi ipnotici di cui abbiamo parlato possono tornarci utili anche quando non stiamo conversando viso a viso con il potenziale partner: valgono cioè anche nelle forme scritte, che siano le tradizionali *lettere*, le moderne *email* o gli *sms*.

E' ovvio che nella forma scritta va perduto il valore legato al tono di voce, alla gestualità, al modo di gestire la propria comunicazione non verbale. Tuttavia possiamo ottenere ugualmente ottimi risultati, anche solo attraverso le parole scritte.

Non dobbiamo far altro che sfruttare al massimo il potere implicito nelle associazioni tra termini linguistici e stati d'animo: miriamo quindi al far rievocare determinate sensazioni attraverso i termini che scegliamo di inserire nella frase. Oltretutto il discorso scritto ci fornisce un vantaggio non indifferente: non dobbiamo improvvisare, ma abbiamo tutto il tempo per scegliere e selezionare con cura le parole più adatte. Possiamo utilizzare un messaggio del tipo: "Chissà quante volte ti sei lasciato andare, hai avuto il coraggio di correre un rischio e alla fine hai ottenuto quello che volevi...".

Questa frase, ancora una volta non fa riferimento ad alcuna esperienza in particolare. Eppure proprio per questa sua vaghezza terminologica e di contenuti, obbligherà il potenziale partner a pensare ad una o più situazioni di quel tipo, situazioni in cui si è lasciato andare e ha infine raggiunto il suo obiettivo. Un simile messaggio lo farà sentire bene, sicuro di sé e più disponibile a buttarsi di nuovo in una situazione simile. E noi saremo lì a raccogliere questa disponibilità, per fargli capire che se si lascerà attrarre da noi potrà raggiungere la meritata felicità.

2.12 - Costruzione di modelli

Una delle domande che ci si pone più di frequente nel trattare di tecniche ipnotiche verbali, è in che modo sia possibile imparare a costruire delle frasi in cui includere tutte le strategie di cui abbiamo parlato fino ad ora. In realtà, il modo è molto semplice: visto che il nostro obiettivo è quello di conquistare una persona, allora il punto da cui dobbiamo partire è chiederci in che stato d'animo la dobbiamo far sentire, affinché ceda al nostro fascino. Perciò pronunciamo senza parsimonia parole come interesse, attenzione, curiosità, attrazione e tutte quelle che ci vengono in mente.

Ora andiamo a cercare dei riferimenti precisi: proviamo ad immaginare la nostra esistenza come se fosse una linea, che dal passato va verso il futuro, attraversando il presente. Su questa "linea del tempo" si trovano posizionati tutti gli eventi della nostra vita. Immaginiamo di fermarci su questa linea all'altezza del punto in cui abbiamo vissuto quegli stati d'animo di interesse e attenzione di cui stiamo parlando. Riviviamo quelle esperienze del passato, sentiamo tutte le sensazioni ad esse associate, rivediamo le immagini e ascoltiamone i suoni. Troviamo tutti gli aggettivi possibili per descrivere questo stato emotivo e prendiamone nota, per poi utilizzarli in seguito durante il discorso con il potenziale partner. Una volta fatto, non dobbiamo fare altro che utilizzare questi termini per creare la nostra storia, le nostre frasi determinanti.

Ecco un esempio per stimolare la sensazione di attrazione. Riviviamo l'ultima volta che siamo stati attratti da qualcuno e descriviamo la nostra esperienza. Cosa vediamo nella persona che ci piace? Bellezza fisica, uno sguardo intrigante, un sorriso avvolgente. Cosa udiamo? Una canzone d'amore, una voce interna che ci dice "wow, che bellezza sconvolgente". Cosa sentiamo? Un brivido, il cuore che esplode, la respirazione che si fa più veloce? Benissimo. Ora non resta che costruire la nostra storia e andare alla carica.

In questo modo, dopo qualche minuto di conversazione e dopo aver creato un minimo di *rapporto*, possiamo raccontargli il nostro aneddoto, già studiato ed elaborato in precedenza: "Sai, ieri una mia amica mi stava raccontando di un incontro molto interessante… le è accaduto in palestra… ha visto un ragazzo con un fisico incredibile, si è detta 'wow, che bellezza sconvolgente'… il suo cuore ha cominciato a battere forte, ha avuto come un tuffo. E' bastato incrociare i loro occhi e scambiarsi uno sguardo molto intenso... e subito si è creata un'ottima intesa. A te è mai capitato di provare una simile attrazione a prima vista? Ora, è interessante... mi ha raccontato che dentro di sé ha sentito le note di una canzone d'amore che a lei piace molto. Lui le ha sorriso, e questo sorriso è penetrato dentro di lei e le ha fatto sentire un brivido lungo tutta la schiena... mi ha detto di essersi accorta che respirava più velocemente, quasi come se avesse il fiatone... alla fine si è decisa e non si è fatta scappare questa occasione d'oro. Ammiro davvero il suo coraggio...". A questo punto, dopo questa lunga serie di comandi ipnotici che contribuiranno a suscitare tutte queste sensazioni nella persona con cui stiamo parlando, e che vogliamo conquistare, lei si sentirà fortemente spinta ad agire, a prendere una decisione e a lasciarsi andare verso di noi che le siamo davanti e rappresentiamo la sua imperdibile occasione.

Per Approfondire: <u>Videocorso Persuasione</u>

Giorno 3: Comunicazione Efficace

3.1 - Sapersi vendere

Quante volte ci siamo chiesti cosa sia la seduzione? In realtà non è altro che il *sapersi vendere* sul fronte delle relazioni con l'altro sesso. C'è un prodotto, noi stessi, ci sono degli acquirenti, i potenziali partner, e ci sono dei concorrenti, gli altri seduttori, con cui si ingaggiano delle vere e proprie sfide. Eppure diversi studi ci dicono che ognuno di noi sfrutta solo un misero 7% delle sue possibilità comunicative.Oggi l'approccio al tema della seduzione ha profonde radici nello studio della comunicazione umana. Questo rende possibile affinare le tecniche per migliorare i nostri risultati in questo campo: ripetiamolo ancora una volta, *seduttori si diventa*. Capire i processi umani e il funzionamento del cervello, in abbinamento a quello che le donne e gli uomini cercano da sempre, ci consente di trattare una materia così personale come l'amore e la seduzione al fine di vivere la nostra vita con maggior godimento e soddisfazione. In fondo, noi tutti desideriamo essere in grado di proporci in modo disinvolto e piacevole, rapportandoci agli altri con fascino e suscitando in loro attrazione ed interesse. L'arte del sapersi vendere è il frutto dell'apprendimento e dell'applicazione di vere e proprie strategie di mercato, e come in tutte le altre attività commerciali, la più importante regola di questo marketing di se stessi è proprio la *comunicazione*: essa rappresenta una risorsa principe, da sfruttare, da approfondire e da utilizzare in modo mirato per promuovere la propria identità e conquistare il mercato. Conoscere le leggi che la governano e saperne padroneggiare al meglio le strategie, è dunque il primo comandamento da seguire per essere un seduttore di successo. Insomma, se la pubblicità è l'anima del commercio, la comunicazione è l'anima della seduzione: essere un *ottimo seduttore* si traduce in primo luogo nell'essere un ottimo comunicatore, o meglio un comunicatore efficace. Ecco che diventa cruciale stabilire quando e come una comunicazione può essere definita efficace. Per rispondere a questo interrogativo bisogna chiamare in causa alcuni semplici ma fondamentali principi, stabiliti negli ultimi decenni dai più grandi esperti di comunicazione umana, in particolare dagli studi compiuti dall'istituto di ricerca di Paul Watzlavick a Palo Alto, in California.

3.2 - Impossibile non comunicare

Tutto è comunicazione e in nessun caso si hanno situazioni di assenza di comunicazione. Ad esempio non partecipare in una certa circostanza, ad una festa di compleanno o ad un riunione di condominio, non presentarsi ad un appuntamento galante, oppure ancora, il restare in silenzio semplicemente guardandosi distrattamente intorno mentre si discute con qualcuno, non sono forse tutti casi in cui si comunica qualcosa? Anzi, simili casi di "non comunicazione" finiscono con l'essere più eloquenti di un qualunque discorso!

A dimostrazione del fatto che qualsiasi forma di interazione è comunicazione. Anche quando camminiamo per strada e decidiamo di sorridere alle persone che incontriamo, oppure scegliamo di guardarle con un'espressione accigliata, o anche solo di ignorarle, stiamo comunicando ed interagendo. E' proprio così: non possiamo non comunicare.

3.3 - Come si comunica

Forma e *contenuto*, cioè le parole e il modo in cui esse vengono espresse, sono due livelli fondamentali di qualunque atto comunicativo: hanno specifiche caratteristiche ed una diversa influenza sull'efficacia di ogni comunicazione, perciò è bene conoscere chiaramente entrambe.

Le parole, i contenuti comunicativi che otteniamo da un interlocutore o che utilizziamo in una conversazione, non esauriscono di certo la reciproca necessità informativa. La sfera dei dati è solo una parte dell'obiettivo comunicativo, ed è anzi la più neutra. Il *cosa* sto comunicando dunque, appartiene ad un livello esterno, consapevole e di sicuro più evidente. Ma c'è una componente ben più forte nell'atto comunicativo, quella di tipo emotivo e psicologico, che si traduce nell'attenzione per la sfera della relazione: il *come* sto comunicando, che attiene perciò ad un livello più profondo e meno consapevole.

Accreditati studi di comunicazione e psicologia hanno rilevato come questo secondo ingrediente rappresenti il 93% dell'atto comunicativo. Per fare un esempio pratico: quando trascorriamo una piacevole serata con una persona che ci interessa, i nostri ricordi non sono forse più sfumati sulle parole che sono state pronunciate e molto più nitidi sul modo di fare, sull'intonazione e sui gesti che le hanno accompagnate? Il termine che riunisce ed identifica tutti questi elementi è comunicazione *extraverbale*. Essa comprende nel dettaglio:

- il livello *paraverbale*: tutto ciò che ha a che fare con la qualità della voce: velocità, volume, timbro, ritmo, pause, tono;

- il livello *non verbale*: la sfera degli elementi relativi alla fisicità del comunicatore, dunque la postura, i movimenti del corpo, lo sguardo, i gesti, la tipologia di respirazione e così via.

Volendo dettagliare i dati statistici con l'indicare il peso relativo di ognuna di queste sfere, si scopre con una certa sorpresa che il piano delle parole, l'ambito puramente *verbale*, ha una influenza pari solo al 7%. Le ricerche del professor Albert Mehrabian hanno dimostrato, già da alcuni decenni, che la percentuale maggiore, il 55%, va riservata agli elementi non verbali, contro un buon 38% del paraverbale. Sembra un paradosso, eppure le parole contano davvero poco, soprattutto nella fase iniziale della comunicazione. Anche se poi, con il passare del tempo e man mano che il rapporto con l'interlocutore si fa più stretto, queste percentuali cambiano. I ricercatori della scuola californiana di Palo Alto ci dicono che il verbale può arrivare ad una percentuale del 53%, mentre il paraverbale scende al 15% e il non verbale al 32%. Percentuali che lasciano comunque interdetti, se consideriamo che abitualmente, nelle comunicazioni quotidiane, si dà peso solo alla parte verbale.

Pensiamo ad un esempio concreto, il nostro *nome*. Quante volte lo abbiamo sentito pronunciare dal nostro partner con quella dolcezza tale che ci fa sciogliere completamente? E quanto volte è vibrato per tutta casa, quando i nostri genitori ci sgridavano per qualche marachella, al punto da darcela a gambe? Si tratta sempre della stessa identica parola, eppure, a seconda di come viene pronunciata, può esprimere significati assolutamente opposti. Alla luce di quanto premesso diventa più semplice comprendere in che senso gli elementi che costituiscono le modalità extraverbali di una comunicazione vengano attuati e percepiti in modo inconscio. Quante volte parlando con qualcuno, sentiamo di avere con lui una sintonia particolare, oppure al contrario, la persona ci lascia un'impressione negativa che descriviamo come una sensazione avvertita "a pelle"? Questa sorta di *sesto senso* si riferisce proprio al modo in cui abbiamo percepito gli elementi extraverbali del colloquio, cioè a come essi lo hanno caratterizzato in un modo più o meno positivo e piacevole.

Non basta però conoscere la differenza tra questi tre piani della comunicazione. Ai fini della sua efficacia è assolutamente cruciale rispettare una ulteriore regola relativa a questa triade: la regola della *congruenza*. Si ha congruenza e perciò maggiore efficacia in una comunicazione quanto più questi tre livelli sono allineati e coerenti tra loro. Se invece gli elementi dei tre livelli espressivi sono poco in linea tra loro o addirittura in contrasto reciproco, si ottiene un effetto di poca affidabilità o comunque di disagio, che rende non funzionale la nostra comunicazione, allontanandoci dal raggiungimento del nostro obiettivo comunicativo.

In merito a questo argomento si potrebbero portare una lunga serie di esempi. Volendo citarne solo qualcuno, possiamo immaginare alcune situazioni che sicuramente sono familiari alla maggioranza di noi. Se chiacchierando con un amico rispondessimo ad una sua domanda con le parole "Sì certo, hai proprio ragione" ma accompagnandole con gesti di diniego del capo, uno sguardo contrariato e con un tono di voce sarcastico, quale messaggio crediamo che arrivi al nostro interlocutore? Sicuramente di rifiuto. E questo nonostante gli avessimo dato ragione con le parole.

Quante volte invece, magari durante un colloquio di lavoro o un esame, dovendo trattare un argomento studiato in modo superficiale, siamo stati traditi da gesti di nervosismo o da un tono di voce sfuggente e poco sicuro, compromettendo la riuscita ottimale della prestazione? Questo proprio perché il nostro extraverbale ha svelato una scarsa padronanza dell'argomento.

Ecco allora che capire l'importanza dei tre livelli della comunicazione diventa fondamentale per esprimere un messaggio coerente, soprattutto quando ciò che vogliamo trasmettere sono i nostri valori, la nostra personalità e, in qualità di ottimi seduttori, il nostro fascino magnetico.

3.4 - Osservare la risposta

L'introduzione del concetto di *feedback* o retroazione all'interno dei modelli comunicativi ha segnato la fine di un'epoca, dominata dalla credenza che il processo di comunicazione fosse un processo unidirezionale, che coinvolgeva gli interlocutori in due ruoli specifici e distinti tra loro. Il primo, in qualità di *fonte*, ricopriva sempre ed in modo esclusivo un ruolo attivo e decisionale nel processo, con la possibilità di iniziare e terminare la comunicazione decidendone i contenuti. Al secondo invece veniva riservato il solo ruolo di *destinatario*, e perciò era relegato ad un momento dell'ascolto passivo, ricezione e accoglimento di contenuti altrui. Il tutto all'interno di un quadro asettico, privo di ulteriori influenze od elementi esterni.

Grazie al contributo degli studiosi della teoria dell'informazione e della cibernetica, invece, questo schematismo è stato rotto. Nella scena comunicativa sono stati finalmente inclusi numerosi altri elementi che, con la loro influenza, contribuiscono ad animarne e complicarne sia lo svolgimento che l'esito. Prima di tutto è stato compreso che tutti gli interlocutori possono ricoprire di volta in volta il ruolo di fonte e di destinatario, contribuendo entrambi all'evolversi del processo. Ecco perché la staticità dei modelli precedenti viene sostituita da un'idea di *circolarità*: ogni comunicazione influenza e viene influenzata dalle altre secondo un mutamento che non procede in modo lineare ed univoco, non solo per il contributo volontario di tutti, ma anche per l'influenza di fattori ed elementi inerenti al contesto.

Dovendo definire il concetto di feedback, esso va indicato perciò come l'informazione di ritorno, ovvero come tutte le reazioni messe in atto da un interlocutore, in ognuno dei tre livelli precedentemente trattati. Egli avrà innanzitutto delle reazioni verbali, cioè le parole con cui ci risponde: questi sono di sicuro gli elementi più superficiali ed evidenti, perciò più agevoli da considerare. Poi esternerà anche delle reazioni non verbali, ad esempio il rossore del viso o le dita che tamburellano in modo nervoso sul tavolo; nonché delle reazioni paraverbali, come un tono di voce più freddo o un volume più elevato, entrambi ingiustamente trascurati anche perché non vengono colti con la stessa immediatezza con cui si registrano le parole.

Se esiste un feedback da parte del nostro interlocutore, dunque dei segnali che lui manda in risposta a quanto gli viene trasmesso, ciò implica che non è sua la responsabilità nel caso in cui la nostra comunicazione non otterrà il risultato che desideravamo, anzi tutt'altro: la *responsabilità* di una comunicazione sta sempre in chi comunica, in chi persegue l'obiettivo comunicativo.

Prendiamo il caso di un insegnante che spieghi un certo argomento ai suoi studenti. Immaginiamo per un attimo di interpretare il ruolo di studenti. Dopo magari un'intera ora di lezione, piena di esempi e letture, l'insegnante vorrà verificare il nostro grado di comprensione. Scoprendo che la maggioranza di noi non ha afferrato che una piccola parte dell'argomento trattato, molto probabilmente ci apostroferà con il lapidario "Non avete capito!". Ciò è quanto di più sbagliato si possa asserire: la colpa non è nostra se non abbiamo capito, ma dell'insegnante che non è stato in grado di farsi capire adeguatamente.

Allo stesso modo, quando siamo noi a comunicare, dobbiamo essere in grado di spiegarci nel modo più opportuno e adatto alle modalità di comprensione del nostro interlocutore.

Questo è il nocciolo rivoluzionario di questo principio della comunicazione: esso rappresenta una forte assunzione di responsabilità. D'altra parte è anche vero che assumerci la responsabilità significa *assumere il controllo della comunicazione*: se fosse l'interlocutore a non capire quello che stiamo esprimendo, non potremo farci nulla. Se invece iniziamo a pensare che siamo noi ad esserci spiegati male, allora sì che potremo fare qualcosa, adeguandoci alla situazione e modificando la nostra strategia comunicativa finché non riusciamo ad ottenere il risultato che desideriamo.

Quindi se vogliamo raggiungere un fine comunicativo, sia esso il sedurre un potenziale partner oppure il trasmettere una certa informazione, dobbiamo sempre necessariamente comunicare con lui in maniera consapevole, analizzandone le reazioni e tentando di trovare in esse indizi e segnali utili per tarare la nostra espressività, calibrandola continuamente sull'altro, cambiando strategia e scegliendo forme e modalità a lui più congeniali, fino a far arrivare il messaggio in modo che abbia per l'altro la medesima connotazione che ha per noi.

Insomma, quando comunichiamo con qualcuno, dobbiamo sempre porci le domande: "In che modo ho lanciato il mio messaggio?". Ma soprattutto: "Il messaggio che ho lanciato verrà interpretato nel modo in cui io desidero?". La risposta a questi interrogativi rappresenta la vera guida per ottenere il successo comunicativo, e di conseguenza seduttivo, durante i nostri scambi con gli altri.

3.5 - La mappa non è il territorio

I modelli comunicativi a cui ci stiamo riferendo sono ormai accreditati ed è altresì comprovata la validità della loro applicazione nella più ampia sfera dei rapporti umani, cui contribuiscono in modo nettamente migliorativo. Tali modelli rappresentano una marcia in più nel caso specifico delle relazioni aventi un intento seduttivo, quindi può essere utile ripercorrere il modo in cui essi sono stati studiati ed elaborati all'interno di discipline quali la psicologia cognitiva e la comunicazione, individuandone il loro punto di partenza: lo studio dell'esperienza soggettiva.

Con il termine *esperienza soggettiva* si indica il modo con cui ognuno di noi percepisce e struttura la realtà, ne fa esperienza per l'appunto, ricorrendo al filtro di pensieri consci ed inconsci, utilizzando credenze e schemi interiori la cui strutturazione e sviluppo procedono nell'arco di tutta la nostra vita, a partire dagli eventi e dalle situazioni di cui siamo protagonisti. Un modo che, proprio per questo, è assolutamente personale: cosa in cui consiste appunto la soggettività dell'esperienza.

E' come se ognuno di noi indossasse un paio di occhiali: attraverso le nostre lenti, che sono uniche, vediamo le cose a modo nostro. Non vediamo la realtà oggettiva in sé, ammesso che una realtà oggettiva esista, ma vediamo la nostra percezione della realtà, una rappresentazione interiore che è assolutamente personale.

Tornando alla metafora del *jukebox* mentale, potremmo dire che ognuno di noi ha un suo modo del tutto personale di archiviare al suo interno le canzoni e i dischi: chi li dispone in circolo, chi uno sull'altro, chi su diversi piani. Solo che tutte queste disposizioni avvengono in modo inconsapevole, senza quindi che noi ce ne rendiamo conto. Semplicemente pensiamo che sia normale disporli in quel modo, e di conseguenza riteniamo che anche le altre persone li dispongano nello stesso modo che abbiamo scelto noi. In realtà non è così, e ognuno ha il suo modo di filtrare e catalogare le esperienze che vive.

Riconoscere che il *nostro punto di vista* è solo nostro ed è valido esclusivamente per noi, è fondamentale: significa innanzitutto conoscere bene se stessi ed è poi il primo passo per conoscere gli altri e il loro mondo. Un bravo comunicatore infatti deve essere in grado di togliersi i propri occhiali e di indossare le lenti degli altri, guardando le cose dal loro punto di osservazione, adattandosi ai loro sistemi di valori e credenze. Sempre per utilizzare un paragone utile, sedurre è un po' come andare a scuola di ballo: dobbiamo imparare a muoverci senza pestare i piedi del compagno, andando entrambi allo stesso ritmo e seguendo la musica.

In una parola, un buon comunicatore deve essere *flessibile*: deve abbandonare la rigidità, la chiusura e limitatezza del proprio campo visivo, aprendosi alla comprensione di quello del suo interlocutore. La flessibilità è quella capacità che più o meno tutti possediamo e mettiamo in pratica quotidianamente, per la quale indossiamo un completo elegante allorché partecipiamo ad una serata di gala, ed un paio di jeans quando siamo a cena in pizzeria con gli amici. Significa molto semplicemente saper variare i propri comportamenti in modo congruente al contesto, attuando quelli di volta in volta più adatti, riconoscendo per ogni situazione ciò che è più vantaggioso o svantaggioso: non va considerata come una caratteristica negativa, propria di una personalità remissiva, influenzabile o cedevole. Essa non intacca la sfera della personalità né ci fa perdere la nostra identità, perché non implica modifiche alla propria scala di valori. E' come quando incontriamo un bambino e ci mettiamo a parlare con lui: il primo gesto che compiamo non è forse quello di piegare le gambe e adattarci alla sua altezza, così da entrare meglio nel suo mondo? La flessibilità insomma si traduce nella capacità di adattarsi al mutare dello scenario, senza rimanere legati a preconcetti e schemi mentali precostituiti. Perciò si basa sullo spirito di osservazione e sulla comprensione dell'altro.

Per un seduttore perciò è davvero prioritario comprendere la mappa del potenziale partner, laddove con mappa intendiamo quella personalissima rappresentazione interna del mondo che ognuno di noi possiede. Rappresentazione che non corrisponde al mondo stesso, ma che è costruita attraverso le nostre esperienze passate, i nostri riferimenti e le informazioni inviateci dai nostri cinque sensi. Alcuni dei maggiori specialisti della comunicazione, Noam Chomsky e Alfred Korzybski, e in seguito anche Richard Bandler e John Grinder, hanno affermato che la *"mappa non è il territorio"*, proprio perché la nostra mappa del mondo, non rappresenta il mondo oggettivo, ma solo ciò che noi possiamo vedere in esso, così come la piantina dell'Italia non è l'Italia vera e propria, ma solo una sua rappresentazione.

Ora è evidente che per ottenere tale comprensione dell'altro, dobbiamo sviluppare necessariamente una buona capacità di ascoltare. Non il semplice stare a sentire un interlocutore mentre parla, bensì il partecipare al suo dialogo in maniera attiva, prestando la massima attenzione alle sue parole, al contenuto della sua comunicazione. Dietro ogni gesto, atteggiamento, espressione del nostro interlocutore, potrebbe nascondersi un indizio prezioso della sua interiorità: perciò dobbiamo essere in grado di leggerli ed interpretarli. Spesso dietro due braccia che si incrociano, un sorriso forzato o un contatto apparentemente accidentale con la mano del potenziale partner, possono esserci importanti indizi rivelatori di un sentimento o di una reazione. Fare una attenta analisi di tutti questi elementi può davvero fare la differenza in una strategia di seduzione: significa infatti acquisire numerosissimi ed importanti tasselli della mappa del nostro interlocutore, del suo personale punto di vista.

Come detto in precedenza, il 55% delle informazioni derivano dal linguaggio del corpo. Esso è il canale con cui esprimiamo la nostra intimità; va considerato perciò a tutti gli effetti come un mezzo di comunicazione, oltretutto uno dei più potenti. Perciò bisogna affinare la nostra capacità di cogliere quelle che sono sfumature, a volte quasi impercettibili, ma che dicono molto di più di quanto il nostro interlocutore ci esprimerà mai a parole.

3.6 - Scoprire i valori

Vi sono alcune piccole strategie cui si può ricorrere per determinare quale tipo di valori e credenze costituiscano tale mappa soggettiva del mondo. La più efficace è senza dubbio quella di coinvolgere il potenziale partner in una conversazione basata su *domande aperte*, stimolando ed incoraggiando risposte di ampio respiro. "Di cosa ti interessi? Cosa ti appassiona veramente nella vita? In cosa credi?". Far parlare l'altro, ascoltarlo mostrando interesse attraverso un'attenzione partecipativa, significa ottenere un gran numero di informazioni sui suoi gusti, sulle sue inclinazioni, ma soprattutto sulle idee che reputa importanti.

Proviamo a ricordare l'ultima volta che abbiamo attaccato discorso con una persona che non conoscevamo; il primo argomento non sono stati proprio i reciproci interessi, cosa ognuno fa nella vita? Questo perché tendiamo a raccontare per prime le cose che ci stanno più a cuore. E dove, se non nelle cose che ci stanno più a cuore, ognuno di noi riversa i propri valori? Pensiamo ad una persona che consideriamo simpatica, che ci piace e frequentiamo con piacere. Cosa ci attrae di più in lei? Non sono proprio i suoi valori, ciò in cui crede? "Siamo sulla stessa lunghezza d'onda": non è forse questo ciò che diciamo quando un'altra persona condivide le nostre stesse convinzioni o agisce secondo principi e ideali che noi approviamo?

Insomma, nessun approccio è destinato ad avere un buon esito se la sua prima mossa non è scoprire la gerarchia dei valori e delle credenze della persona che vogliamo sedurre. Questo intento si raggiunge appunto dimostrando un vero interesse nei suoi confronti. Bisogna fare attenzione però, non deve trattarsi di un atteggiamento esteriore e di facciata, strumentale e dunque temporaneo: dobbiamo essere animati da un vero e sincero desiderio di capire la mappa emotiva di chi ci sta davanti. La superficialità dell'interesse verrebbe smascherata in breve tempo, facendo fallire miseramente il nostro approccio e compromettendo in modo irreparabile ogni ulteriore contatto con il potenziale partner.

Il valore insomma è qualcosa di molto rilevante per il singolo, qualcosa che per lui riveste appunto un'importanza particolare. A questo proposito, esiste una fondamentale differenza cui bisogna prestare attenzione, differenza che va ben al di là della diversità terminologica: quella tra valori strumentali e valori finali. Nel primo caso, i *valori strumentali*, si ha a che fare con dei mezzi. Non sono valori veri e propri, che ognuno ricerca in quanto tali: non sono cioè fini a se stessi, ma si connotano come strumenti utili ad ottenere o raggiungere il secondo tipo di valori, i *valori finali*. Semplicemente parlando, ad esempio, un potenziale partner potrebbe rivelarci di tenere molto al denaro, obiettivo che vuole raggiungere per conquistare la tranquillità e la serenità che una vita agiata può assicurargli. Nel primo caso ha citato un mezzo, il denaro; nel secondo ha invece fatto riferimento al valore assoluto che vuole raggiungere grazie al primo, la serenità. Generalizzando si può affermare che tra i valori finali, perseguiti tramite la soddisfazione di quelli strumentali, rientrano cose come la famiglia, la realizzazione e il successo professionale, la stabilità e la sicurezza. Sempre parlando per grandi linee invece, i beni materiali e tangibili sono compresi nell'altro tipo di valori: quindi denaro, abiti, titoli e riconoscimenti sono valori strumentali. Un'ulteriore aiuto per distinguere tra le varie tipologie di valori, può venire dal prendere in considerazione la loro localizzazione. Quelli che si collocano all'esterno del soggetto, come appunto gli oggetti o le attività, sono nella maggior parte dei casi valori strumentali. Quando invece appartengono alla sfera interna degli individui, i sentimenti o la salute, identificano valori finali.

3.7 - Criteri di soddisfazione

Una volta scoperta la sfera delle credenze e dei valori, bisogna procedere nelle indagini per determinare i criteri di soddisfazione di quei valori. Essi hanno un ruolo chiave all'interno di qualunque approccio seduttivo: servono a colpire l'attenzione del potenziale partner, attirandone l'interesse e facendoci apparire interessanti ai suoi occhi.

Sempre ricorrendo ad un esempio, un potenziale partner che sia sensibile alla questione stabilità e serenità di vita, verrà certamente colpito da un corteggiatore che sappia soddisfare queste sue necessità emotive dimostrandosi una presenza costante, su cui poter sempre contare, una persona tranquilla ed emotivamente salda. Può essere molto d'aiuto per i nostri fini investigativi, utilizzare richieste e domande del tipo "Come ti sentiresti se avessi accanto qualcuno che ti protegge?", o ancora " Come fai a sapere quando sei felice?", che gli consentono di far visualizzare i suoi obiettivi e permettono a noi un accesso diretto agli stati d'animo e alle emozioni del potenziale partner, al suo *jukebox* mentale, per intenderci.

In genere comunque i valori vengono espressi utilizzando delle forme e dei costrutti astratti, e sono condivisi da un numero piuttosto ampio di persone, tanto che la loro importanza può essere generalizzata fino a farli ritenere universali. Nel caso dei criteri di soddisfazione invece, essi passano per la personale intermediazione del modo in cui ne facciamo esperienza attraverso i sensi. Consideriamo il caso di un valore supremo, come può essere il concetto astratto di rispetto. Per il nostro potenziale partner, ad esempio, il rispetto potrebbe essere il primo dei valori di cui ricerca la soddisfazione in una relazione di coppia. Ammettiamo il caso che anche per noi esso rappresenti il capofila dei valori cui improntare una relazione d'amore. L'accordo sembrerebbe immediato e foriero di un'ottima intesa. Invece dopo poco tempo, ci ritroviamo a discutere continuamente con il partner, accusandoci reciprocamente proprio della mancanza di rispetto che spesso l'altro ci riserva e di cui soffriamo. Come può accadere questo, dal momento che entrambi avevamo dichiarato che per noi era il valore fondamentale?

Accade perché la *traduzione*, per così dire, del termine generale ed astratto in comportamenti e contenuti pratici e concreti è tra noi due assolutamente divergente. Per noi significa che l'altro ci lasci vivere in autonomia ed in modo autonomo i nostri spazi, interessi, amicizie. Per il partner invece assume la connotazione opposta: dimostrargli rispetto per lui significa venire incluso nelle nostre attività, fare parte in tutto e per tutto del nostro quotidiano. Una volta dettagliato il valore astratto in termini non generici, in una esemplificazione pratica, ecco che esso si rivela fonte di una forte distanza tra noi ed il nostro partner, differenza che ci porta a non sentirci reciprocamente compresi e dunque emotivamente non soddisfatti dai reciproci comportamenti. Ed è proprio questo che è successo nel caso dell'esempio appena fatto: due persone che condividono sì l'importanza del valore in senso astratto, ma per i quali la sua soddisfazione pratica passa attraverso modalità quotidiane e concrete di comportamento praticamente opposte; cosa che porta ad un progressivo allontanamento reciproco.

Ecco perché bisogna andare quanto più a fondo possibile nell'indagine della *mappa* dell'altro, facendo sempre la massima attenzione a non interpretare secondo i nostri schemi e le nostre priorità le affermazioni altrui. E' importante ribadire ancora una volta che, qualora la nostra comunicazione o il nostro tentativo di seduzione non riescano, questo non vuol dire che non siamo stati abbastanza abili. Il più delle volte significa che non abbiamo prestato attenzione al nostro potenziale partner, che non abbiamo dato la giusta importanza al suo feedback, ignorando o trascurando segnali e indizi che avrebbero potuto farci scegliere una strategia di conquista più adatta.

Comprensione, empatia, fiducia, rispetto del punto di vista e delle emozioni del potenziale partner, in due parole ascolto e partecipazione, sono gli assi nella manica per la conquista della persona che ci interessa. Tutti questi sentimenti infatti creano quella dipendenza emotiva, grazie alla quale il potenziale partner si sente sempre più a suo agio con noi. Questo è il primo passo per l'innamoramento, che consiste proprio nella associazione mentale creata da un individuo, tra la necessità di soddisfare le sue esigenze emotive e colui che soddisfa tali necessità.

3.8 - Calibrazione

Abbiamo già chiarito quanto sia importante prestare la massima attenzione alle reazioni del nostro interlocutore durante la conversazione, tenendo conto dei suoi contenuti non verbali, dunque gesti e movimenti, tono di voce e sguardi. Per decifrare tutta questa sfera extraverbale è possibile fare ricorso ad un particolare strumento: la calibrazione.

Il presupposto di questa tecnica è che esista una profonda correlazione tra la *sfera emotiva* e la *sfera fisica* di ogni essere umano: ogni stato interno cioè produce dei cambiamenti esterni, manifesti e osservabili nella fisiologia di una persona. Un comportamento concreto e osservabile non è fine a se stesso, bensì è la spia di una avvenuta modifica interiore, elemento non osservabile di per sé, dato che non è un atto ma una sensazione, un'emozione, un cambiamento dello stato interno insomma. La correlazione perciò è tale che determinati comportamenti manifesti sono con buona probabilità indicatori di un certo tipo di stato interno. Se gli occhi del nostro interlocutore si gonfiano di lacrime (cambiamento manifesto), ciò può significare che in quel momento egli stia provando gioia, piuttosto che dolore, o comunque indicano una forte emozione e coinvolgimento da parte sua (cambiamento interiore, non osservabile).

Calibrare quindi non significa niente di più che raccogliere una reazione, un feedback che è di tipo prettamente non verbale: vuol dire identificare tutti quei segnali fisiologici e le loro variazioni, provenienti dal nostro interlocutore che indicano il verificarsi di alterazioni e modifiche nel suo livello neurologico. Calibrare dunque è la capacità di distinguere quegli elementi che forniscono informazioni sull'effetto che le nostre parole o atti hanno sull'interlocutore durante la comunicazione.

Va da sé quanto sia importante allenare questa abilità, sviluppando la capacità di osservare le reazioni anche più sottili del potenziale partner: saper calibrare i segnali e interpretarli, ci permetterà di modificare la nostra comunicazione nella direzione più appropriata al suo stato d'animo. In questo modo l'interlocutore avrà l'impressione di venire trattato con grande sensibilità, ma soprattutto di essere compreso nel profondo, se non addirittura anticipato. Ipotizziamo di star svolgendo una conversazione seduttiva con un potenziale partner; analizzandone i segnali non verbali, ci rendiamo conto che ogni qualvolta egli è d'accordo con noi su un certo argomento, esprime questo assenso ripetendo in modo inconsapevole un particolare gesto o una certa azione, per esempio facendo ruotare il cinturino dell'orologio intorno al polso. Questa associazione che il potenziale partner attua tra l'assenso interiore e il gesto caratteristico esteriore può essere riutilizzata ad esempio per anticipare una risposta o per rilevare eventuali bugie.

Nel caso dell'*anticipazione* il verificarsi o meno del gesto caratteristico ci metterà in condizioni di conoscere con un poco di anticipo la risposta, magari anche non esplicitata verbalmente, del potenziale partner, permettendoci di modificare ciò che stiamo per pronunciare e di allinearlo con i suoi pensieri. Se, per esempio, mentre diciamo la frase: "Forse io e te potremmo rivederci ancora…" ci accorgiamo che l'altro compie quel suo gesto caratteristico che implica un'affermazione, possiamo aggiungere: "…ma sì, potremmo rivederci… domani sera a cena?". Senza contare quanto questo possa influire positivamente sul farci sentire più sicuri di noi.

Nel *rilevare bugie*, la tecnica della calibrazione ci permette di determinare se il potenziale partner ci stia rispondendo con delle affermazioni più o meno veritiere e congruenti. Poniamo il caso di aver trascorso una serata a cena fuori con lui. Per l'occasione abbiamo scelto un certo locale, e ci informiamo se lo abbia gradito o meno. Lui però, potrebbe non aver il coraggio di rispondere sinceramente che il locale non è stato di suo gradimento, per non urtare la nostra sensibilità e farci dispiacere. Perciò risponderà affermativamente dando a vedere che gli è piaciuto, anche se in realtà non è così.

In questo caso la tecnica della calibrazione può venire in nostro soccorso: è molto probabile infatti che pur affermando qualcosa con le parole, il nostro potenziale partner lascerà trasparire la sua vera risposta da alcuni segnali non verbali, che sfuggono al suo controllo razionale. Potrebbe verificarsi per esempio una incongruenza tra il suo gesto caratteristico e la sua risposta, autorizzandoci così a dubitare della veridicità di quanto sta dicendo.

D'altra parte abbiamo già ribadito quanto sia importante la congruenza tra i tre livelli della comunicazione all'interno di una qualunque comunicazione; ora scopriamo anche la possibilità di utilizzarla come una sorta di piccola macchina della verità, per capire le reali opinioni dei nostri interlocutori: un'arma decisamente affilata per le nostre strategie seduttive.

3.9 - Tecnica dell'ancoraggio

La tecnica dell'ancoraggio, già citata diverse volte, consiste nell'associare un determinato *stimolo* ad una determinata *risposta*: significa cioè legare un certo fattore, che sia un gesto, un luogo o un ricordo ad un determinato stato emotivo. Si chiama anche "neuroassociazione".

Essa affonda le sue origini negli studi dello scienziato russo Ivan Pavlov: egli portò avanti una serie di esperimenti, durante i quali rilevò ed analizzò il legame tra il comportamento dei cani e determinati stimoli uditivi. Inizialmente Pavlov portava ai cani il loro pasto accompagnando il momento con il suono di una campanella. Quindi eliminò la somministrazione di cibo, mantenendo però il rumore. L'effetto fu che il solo ascoltare il suono della campanella, anche in assenza del pasto, stimolava nei cani una salivazione più abbondante. Questa è la dimostrazione che i cani erano ormai stati *condizionati*: reagivano in modo concreto, con un comportamento tangibile e verificabile come la produzione più abbondante di saliva, ad uno stimolo non più presente né immediato, ma che nella loro mente era ancorato ad un qualcosa che invece continuava a verificarsi, il suono appunto. Dopo questa digressione scientifica, cerchiamo di spiegarci con esempi tratti dalla sfera quotidiana. Ci capiterà spesse volte di ascoltare una canzone che ci fa riemergere all'improvviso una vera ondata di ricordi ed emozioni: bastano poche note e il nostro cuore inizia a palpitare. La stessa cosa succede magari sentendo un certo profumo nell'aria, che ci fa ricordare la persona che lo portava e ci fa accedere, all'interno del nostro *jukebox* di esperienze, a tutti i ricordi e alle emozioni relative a quella persona. Potremmo proseguire con migliaia di altri esempi: questo perché il fenomeno dell'ancoraggio è continuamente presente nelle nostre vite, anche se non abbiamo mai fatto ricorso ad esso in maniera consapevole. Se ci pensiamo un po' troveremo che la nostra vita è piena di ancore, spesso nate in maniera del tutto involontaria.

Pensiamo all'ultima volta che qualcuno ci ha fatto battere il cuore: ci bastava guardarlo negli occhi per sentire una forte emozione, una sensazione incredibile nello stomaco. La vista del suo viso non era forse un'ancora? Allo stesso modo, magari dopo un litigio, quello stesso sguardo ci causava l'effetto opposto, facendo inasprire i nostri sentimenti nei suoi confronti: ormai lo avevamo associato a troppe emozioni negative. L'elenco potrebbe continuare all'infinito: qualsiasi altra cosa può rappresentare un'ancora per il nostro inconscio. C'è chi alla vista di un libro rievoca studio, fatica e sofferenza. Per altri invece può rappresentare passione, crescita, cultura e conoscenza, dunque esperienze piacevoli. Come abbiamo visto quando abbiamo introdotto il nostro *jukebox* mentale, qualsiasi parola è un'ancora verbale per accedere ad un ben determinato stato d'animo.

Una volta un ragazzo parlava del giorno in cui si era laureato: era molto emozionato e pieno di carica. Dato che si trovava di fronte ad una commissione di professori pronta a giudicarlo, lo stress era al massimo. Ma il giorno precedente alla discussione della tesi, si era preparato un'apposita àncora rilassante, tutta sua: una sorta di *pulsante mentale* che lo faceva accedere istantaneamente a varie esperienze rilassanti. Così, in quel momento di tensione, durante la discussione della tesi, gli è bastato premere il pulsante del relax all'interno della sua mente, per sentirsi sicuro e rilassato all'istante. Davvero un'ottima tecnica.

Il nodo della questione insomma è che siamo circondati da ancore e che possiamo deliberatamente crearne di nuove, associandole ad esperienze positive e stati mentali produttivi e potenzianti. Naturalmente, per essere seduttori efficaci, dobbiamo farne un uso più cosciente e deliberato, soprattutto applicarle al momento molto delicato della conquista di una persona che ci interessa. In questo caso può diventare una tecnica davvero molto efficace.

In che modo insomma, dobbiamo procedere per *creare un'ancora* per darci tranquillità ed eliminare lo stress? Pensiamo ad un'esperienza molto rilassante. Facciamolo con dovizia di particolari: ricordiamola in ogni singolo dettaglio, rivediamo le immagini di ciò che ci circondava, riproduciamo nella nostra mente i suoni che sentivamo e le sensazioni che provavamo allora. Entriamo all'interno di noi stessi e riviviamo quella situazione. Lasciamo andare avanti la scena come se fosse un film. Quando raggiungiamo il momento di massima intensità della sensazione di rilassamento, "gettiamo l'ancora", agganciandola in maniera fisica o mentale ad un certo gesto. Possiamo stringerci il polso oppure semplicemente immaginare di premere un bottone all'interno della nostra mente. Ciò che conta, è che lo stimolo sia univoco e ripetibile nello stesso modo: la stretta sul polso deve essere di una certa intensità e con quella stessa intensità deve essere riprodotta. A questo punto dovremo solo attivare l'ancora, ripetendo il gesto o l'azione mentale per accedere di nuovo a quello stesso stato d'animo. Non è una strategia davvero molto potente?

Torniamo a fare un esempio. Proviamo a stringere delicatamente ma con decisione una spalla al nostro potenziale partner, nel momento in cui raggiunge la massima intensità delle emozioni positive che gli stiamo facendo provare o rivivere. Questo gesto, che è appunto l'ancora, verrà inconsciamente associato allo stato d'animo di massima emozione positiva. Una volta instaurato questo legame, anche a distanza di tempo, ci sarà sufficiente ripetere quel gesto stringendo di nuovo la spalla al potenziale partner, con la stessa mano e la medesima intensità, per far sì che acceda a quell'esperienza, a quel momento della sua vita, rivivendo lo stato d'animo associato.

Ecco ora un ulteriore esempio di ancoraggio fisico. Stiamo parlando con la persona che ci interessa conquistare. Proviamo a dirle: "Ma tu sei mai stata innamorata? Che emozioni hai provato?" e, quando ci rendiamo conto che, nel riviverlo per raccontarcelo, accedendo alle esperienze nel suo *jukebox*, lei raggiunge il momento di massima intensità emotiva, proviamo a stringerle la mano. E' fatta, in questo modo abbiamo ancorato le sue sensazioni al nostro gesto. Di lì a poco, sempre continuando a parlare, possiamo chiederle: "sai, mi trovo davvero molto bene a parlare con te… sento che tra noi c'è un intesa molto particolare, non so se anche tu provi la stessa cosa…". Nel dirlo, attiviamo la nostra àncora, ripetendo il gesto di prima: scateneremo nel potenziale partner, a livello inconscio, le stesse emozioni che lui associa all'innamoramento. Con la differenza che ora le stiamo legando a noi.

Proviamo l'ancoraggio anche attraverso una potente strategia per il *primo approccio*: andiamo dal potenziale partner e fissiamolo negli occhi e poi sulle labbra. Alterniamo il nostro sguardo tra occhi e labbra, un segnale molto forte di interesse e molto sensuale. Cerchiamo in questa persona un particolare davvero unico, che ci colpisca a prima vista: facciamogli notare questa caratteristica, facendogli un complimento sincero, non banale. Magari chiediamogli come riesca ad esprimere tanta serenità attraverso questa sua caratteristica, ad esempio gli occhi o il sorriso. Iniziamo chiedendogli il suo *nome*, che sicuramente è l'informazione più importante di cui abbiamo bisogno: per ognuno di noi il nome è infatti il suono più piacevole che possiamo sentire e che desta di più la nostra attenzione. Anzi, possiamo affermare con sicurezza che proprio il nome è una delle ancore naturali più potenti che abbiamo.

Ora andiamo da questa persona e diciamole: "Ciao, come ti chiami?", "Giulia", e poi: "Sai Giulia che hai due occhi meravigliosi? Emanano tantissima serenità. Ma come fai?". In questo modo la staremo spingendo a rivivere, a livello inconscio, la sensazione ancorata alla parola "serenità"; di conseguenza si calerà in uno stato d'animo molto positivo e difficilmente potrà non apprezzare questo tipo di contatto. Senza contare che la risposta ad una domanda aperta di questo genere, che lascia all'interlocutore la possibilità di rispondere liberamente usando le parole che ritiene più opportune, ci darà preziose informazioni sul suo modo di pensare; informazioni che potremo utilizzare per proseguire il dialogo.

In fondo, la nostra memoria è composta da una serie di *nodi* che collegano tra di loro parole e concetti: questo significa che pronunciando la parola "serenità" il nostro cervello comincia ad elaborare lo stato d'animo "serenità", ricollegando ad esso tutte gli altri termini che rientrano in quel contesto come felicità, gioia, contentezza, sorriso, divertimento e così via. Ecco che si costituisce progressivamente una sorta di ragnatela che, a partire da un nodo centrale, si allarga all'infinito. Tanto maggiore è il numero di volte che queste mappe vengono attivate, tanto più facilmente esse verranno ricordate e ricostruite. Vale lo stesso ragionamento quando vogliamo associare stabilmente noi stessi allo stato d'animo di attrazione che vogliamo indurre nel potenziale partner: quante più tecniche utilizziamo, tanto più salda sarà questa associazione nella sua mente.

Per Approfondire: <u>Videocorso Comunicazione</u>

Giorno 4: Ascolto Attivo

4.1 - Lettura del pensiero

"Nessuno sa capirmi come fai tu. Con te non c'è bisogno di spiegazioni: riesci a comprendermi anche solo guardandomi negli occhi". Ci sarà già capitato di aver pronunciato o ascoltato queste parole. Ebbene esse racchiudono una delle formule magiche della seduzione: soddisfare il bisogno di *comprensione*, una delle necessità principali di ogni essere umano.

Nessuno di noi ama essere criticato, né incorrere in divergenze ed opposizioni. Il disaccordo ci fa sentire incompresi, persino offesi a volte. Questo succede perché quello che crediamo e che pensiamo, si riferisce al nucleo della nostra identità di individui, e a nessuno piace che esso venga messo in dubbio o attaccato. Proprio per questo tendiamo a circondarci di persone quanto più simili a noi e ad evitare invece la compagnia di quelle con cui non siamo in sintonia.

La differenza tra buoni e cattivi seduttori sta tutta qui: nel saper appagare proprio questo innato bisogno di comprensione nella persona che si vuole conquistare. La simpatia è l'anticamera dell'intesa e l'intesa produce empatia.

Empatizzare con qualcuno significa appunto raggiungere con lui un livello di confidenza e di comprensione così profondo, da generare quella dipendenza emotiva che ci rende necessari per il potenziale partner.

Il fine è appunto diventare per lui una presenza irripetibile ed unica, perché la sola in grado di rappresentare la soddisfazione delle sue esigenze emotive più intime. Esistono alcune strategie e tattiche precise cui possiamo e dobbiamo ricorrere per ottenere questo risultato: una di queste è la *lettura del pensiero*, una tecnica di tipo ipnotico basata proprio sulla capacità di ascolto. Anche se il nome evoca un che di esoterico, questa tecnica non ha niente a che fare con la sfera della magia. Infatti non è altro che l'abilità di ascoltare con attenzione il nostro potenziale partner, riutilizzando al momento opportuno le informazioni sui suoi gusti, ideali, pensieri e stati d'animo, che lui stesso ci ha fornito nei suoi racconti, magari senza nemmeno rendersene conto ad un livello cosciente.

La lettura del pensiero è dunque la capacità di anticipare i suoi pensieri, emozioni, idee, comunicandogliele ancora prima che lui stesso le abbia focalizzate in modo razionale, individuando uno o più particolari di un'esperienza che il potenziale partner sta vivendo o ha vissuto e restituendogliela con parole adeguate, così da risultare in estrema sintonia mentale ed emotiva. In termini più tecnici, si tratta quindi di ricalcare la sua esperienza emotiva, il suo stato d'animo, e dimostrargli che siamo sulla stessa lunghezza d'onda.

Dovendo suggerire alcune frasi specifiche, in una situazione in cui il nostro ascoltatore dimostra curiosità e interesse per quello che stiamo raccontando, possiamo anticiparlo con una frase del tipo "So che adesso ti stai chiedendo... dove voglio arrivare con le mie parole". O ancora, se il suo atteggiamento fa trasparire una sensazione di tranquillità e benessere, possiamo sottolinearla con "Ora so che ti stai domandando... fino a che punto puoi sentirti così a tuo agio", creando in lui la sensazione che davvero riusciamo a leggere nella sua mente. In pratica, mentre pronunciamo espressioni tipo "ti stai chiedendo... ti stai domandando...", egli davvero si domanderà cosa stiamo per dire e dove vogliamo arrivare; quindi in apparenza sembrerà una vera e propria lettura del pensiero e a livello inconscio potremo creare una sensazione di sintonia molto forte.

Ancora, la persona che vogliamo conquistare ci potrebbe raccontare come ha trascorso la giornata precedente. Ci dice di aver avuto una brutta lite con un collega di lavoro; la cosa l'ha amareggiata a tal punto da farla rimanere di malumore per tutta la sera. E ci dice: "Sai, quando mi capita di stare così giù avrei davvero bisogno di uscire. Mi ricordo che da piccola mia madre mi portava alle giostre, mi comprava lo zucchero filato e il cattivo umore passava subito. Invece oggi la tristezza prende il sopravvento e finisco col restare a casa, e con l'intristirmi ancora di più...". In questo racconto la persona ci ha fornito un'informazione preziosa, anche se molto probabilmente non se ne sarà neanche resa conto, visto che l'ha raccontata piuttosto distrattamente, focalizzandosi sul ricordo della lite con il suo collega e sul suo stato d'animo attuale. Noi però, grazie alla nostra abilità nell'ascoltare attivamente, abbiamo saputo coglierla: ora sappiamo che quando il nostro potenziale partner è giù di morale, il suo inconscio lega il bisogno emotivo di rivivere quell'esperienza infantile al ritorno del suo buonumore; basterà riutilizzare questa informazione al momento opportuno.

Così quando ci dirà: "Sai oggi sono proprio giù, credo che me ne andrò a letto presto stasera...", dovremo solo convincerlo ad uscire e portarlo in un posto divertente a mangiare qualcosa di buono, magari proprio dello zucchero filato. Di sicuro ritroverà il sorriso, e probabilmente ci guarderà meravigliato esclamando "Avevo proprio bisogno di una serata come questa. Ma come facevi a saperlo? A volte ho l'impressione che tu mi legga nel pensiero!".

4.2 - Posizioni percettive

Posizione percettiva è la definizione scientifica di ciò che nel linguaggio comune viene chiamato "punto di vista": è l'angolazione dalla quale ogni soggetto percepisce il mondo esterno e quanto in esso accade, e a partire dalla quale ognuno di noi considera e attribuisce un significato alla propria esperienza. Esistono tre diverse posizioni percettive, ciascuna associata ad una particolare rappresentazione interna, ovvero ad un certo modo con cui il soggetto percepisce il suo ruolo, il ruolo del suo interlocutore e la relazione che li lega, filtrando tutti questi elementi attraverso i propri sensi.

- *Prima Posizione (Io)*: è quella che si utilizza più di frequente; rappresenta il nostro punto di vista, si identifica con il momento in cui guardiamo le cose con i nostri occhi, da dentro noi stessi. E' una posizione percettiva interna, dominata dalla nostra soggettività. Noi siamo il focus, perciò le percezioni visive, uditive, cinestesiche (dunque quello che vediamo, ciò che ascoltiamo e le sensazioni che proviamo) ed i commenti e giudizi che ne derivano, partono dalla nostra interiorità.

- *Seconda Posizione (Tu)*: si verifica quando spostiamo il focus dell'osservazione da noi stessi all'interlocutore; rappresenta il momento in cui ci mettiamo nei panni dell'altro, vivendo sulla nostra pelle il suo punto di vista. E' una posizione percettiva interna ma mediata da un ottica diversa dalla nostra: noi siamo l'interlocutore. Perciò le percezioni visive, uditive e cinestesiche ed i relativi giudizi e commenti avvengono con gli occhi dell'altro.

- *Terza Posizione (Essi)*: si verifica quando usciamo fuori sia da noi stessi sia dal nostro interlocutore, indossando i panni di osservatori esterni. Le percezioni visive, uditive e cinestesiche nonché i giudizi e i commenti relativi a ciò che accade si riferiscono al punto di vista degli spettatori, che non sono coinvolti personalmente nella situazione, ma semplicemente osservano. E' una posizione percettiva esterna: usciamo da noi stessi e guardiamo noi e il nostro interlocutore dal di fuori, come se fossimo il pubblico che assiste alla rappresentazione di una scena a teatro.

Esiste anche un altro modo per identificare e distinguere le tre posizioni percettive: parlare di punto di vista *associato* e *dissociato*. Essi sono due modi con cui ci si può rappresentare una qualunque esperienza, vivendola cioè in prima persona, associando se stessi all'esperienza (in associato) o vedendo l'accaduto dal di fuori, come in un film (in dissociato).

Per facilitare la comprensione di queste importanti distinzioni, possiamo utilizzare un paragone cinematografico. L'esperienza in associato, che coincide con le prime due posizioni percettive analizzate poco sopra, può essere identificata con quella che in gergo tecnico si chiama ripresa in soggettiva. In questo caso la telecamera rappresenta lo sguardo del personaggio: vede le cose come se fosse lui. Questo tipo di inquadrature sono quelle che hanno caratterizzato il film "The Blair witch project", nel quale tre ragazzi vagano in un bosco alla ricerca di una strega: la telecamera tenuta a turno dai ragazzi protagonisti ne rappresenta gli occhi e vede in prima persona proprio tutto quello che ognuno di loro osserva.

L'esperienza in dissociato invece, che si identifica con la terza posizione percettiva, corrisponde all'inquadratura esterna, cioè ad una ripresa che mostra gli avvenimenti ed i personaggi dall'esterno, come se fosse lo sguardo di qualcuno posto al di fuori della scena che semplicemente sta a guardare.

Facciamo ancora un esempio, immaginiamo di guardarci dall'esterno mentre siamo ad un parco divertimenti e saliamo sulle montagne russe. Vediamoci lì mentre partiamo, mentre andiamo su in alto e poi riscendiamo fino alla fine del percorso. Questa è un'esperienza in dissociato. Ora invece proviamo a guardare dai nostri occhi: sediamoci sulla poltrona, sentiamo la sensazione delle cinture di sicurezza che ci bloccano, sentiamo la trazione del carrello che ci porta in alto e poi... via! Giù per la discesa ad una velocità spaventosa, sentiamo lo stomaco che si contorce, le urla dei vicini, le grida di paura, il binario che scorre via veloce. Quasi non riusciamo a respirare, in un momento di tensione che ci sconvolge. Finché non arriviamo giù, con la testa che ci scoppia e l'adrenalina a mille. Questa è un'esperienza in associato, decisamente più coinvolgente.

Scegliere di attuare una particolare posizione e modalità percettiva implica un cambiamento profondo della qualità e della quantità delle informazioni che possiamo cogliere. Ognuna può consentirci di scoprire informazioni diverse sulle caratteristiche, sulle preferenze e sugli ideali del potenziale partner che altrimenti ci sfuggirebbero.

Possono inoltre rivelarsi molto utili anche per gestire in modo ottimale i nostri *stati emotivi*. Immaginiamo di conversare con il potenziale partner. Proviamo ora a staccarci per un attimo dal nostro Io, uscendo per così dire dai confini della nostra identità. Guardiamoci prima dal punto di vista del nostro interlocutore e poi dall'esterno. Caliamoci nel potenziale partner, guardiamo la scena dalla sua ottica: con la mente andiamo dentro di lui, vediamo dai suoi occhi noi stessi che parliamo, che gesticoliamo, il nostro tono di voce, le nostre parole. Poi assumiamo lo sguardo di un qualunque passante, esterno sia a noi che all'interlocutore.

Prima di tutto avremo due nuove prospettive della situazione in cui ci troviamo e già questo è importantissimo per mantenerci flessibili ed essere pronti a riorientare la nostra strategia seduttiva, correggendo la direzione che abbiamo preso ed eventuali errori. Inoltre abbiamo la possibilità di acquisire nuovi e numerosi indizi e dettagli sul partner, comprendendo meglio il tipo di rapporto che abbiamo instaurato fino a quel momento.

Quale feedback più immediato ed efficace di quello che possiamo ottenere dalla comprensione di quello che lui sta vedendo di noi?

E' importante sottolineare che questo procedimento non va letto come uno svilimento della propria personalità. Piuttosto è un arricchimento di noi stessi, un allenamento dell'utilizzo delle nostre caratteristiche che ci rendono flessibili: la difficoltà maggiore, infatti, consiste proprio nel dimenticarci del nostro background, del nostro punto di vista, assumendo temporaneamente quello altrui. Decidere noi ciò che l'altro dovrebbe fare, non è l'atteggiamento corretto: piuttosto dobbiamo abbandonare quello che noi crediamo e sappiamo, per sentire ciò che l'altro effettivamente sente e crede.

Al tempo stesso, è fondamentale essere in grado di affrontare certe situazioni con un maggior distacco emotivo e con un grado inferiore di coinvolgimento. Guardarsi dall'esterno può anche servire a realizzare questo allontanamento dalle nostre emozioni, che il più delle volte possono giocare davvero dei pessimi scherzi. Ricordiamo infatti che ogni emozione che proviamo traspare in superficie attraverso i nostri canali sensoriali: l'imbarazzo, l'insicurezza, il disagio si rendono visibili ai nostri interlocutori concretizzandosi in un particolare gesto, in uno sguardo o in un certo tono di voce.

Proviamo a ricordare un esame o un'interrogazione che abbiamo dovuto sostenere. Come apparivamo quando ci sono state poste domande di cui conoscevamo bene le risposte? Di sicuro eravamo tranquilli, parlavamo spediti, con voce chiara guardando negli occhi il professore. Ma non appena è stato introdotto un argomento che non ricordavamo con precisione, molto probabilmente la nostra fronte si è corrugata, la voce ha iniziato a tremolare leggermente, lo sguardo sfuggiva gli occhi del professore, perdendosi lungo le pareti dell'aula. Questi sono un insieme di segnali che hanno risposto prima ancora che noi aprissimo bocca, facendo probabilmente dire al professore "Cambiamo argomento, vedo che questo non lo ricordi bene...", e probabilmente hanno compromesso l'esito ottimale della nostra prestazione.

Se uno studente non può permettersi simili leggerezze, figuriamoci un seduttore, che non può contare nell'interrogazione di recupero. Perciò la prossima volta che vivremo un momento di difficoltà o di imbarazzo ricordiamoci della *tecnica della dissociazione*: visualizzando la scena dall'esterno, come se l'accaduto non ci riguardasse, riusciremo a congelare la nostra emotività del momento e ad impedire che l'insicurezza traspaia dai nostri gesti e dal nostro linguaggio.

C'è anche un'altra tattica che possiamo utilizzare per mettere distanza tra noi ed eventuali emozioni negative; quella di porci alcune domande che permettono di focalizzarci sulla soluzione, piuttosto che sul problema. Chiedersi "Adesso come vorrei sentirmi? Cosa mi impedisce di sentirmi così?" consente, infatti, di creare quello stato d'animo tale per cui siamo in grado di mobilitare le risorse migliori con cui affrontare la situazione difficile. Si tratta cioè, piuttosto semplicemente, di accedere al nostro *jukebox* mentale in maniera consapevole, così da poter passare dallo stato in cui siamo allo stato in cui vorremmo essere, dallo stato attuale allo stato desiderato, facendo coincidere le due visioni.

4.3 - Ascolto riflessivo

Una fondamentale capacità che da ottimi seduttori dobbiamo allenare e affinare è quella di ascoltare il nostro potenziale partner: ascoltare in un modo che non sia il solito stare a sentire l'altra persona quasi distrattamente; bensì ascoltare in modo attivo e dinamico. Sembra un controsenso, visto che in genere, rispetto a due persone che dialogano, si pensa ad associare l'attivismo a chi parla, considerando invece chi ascolta come un passivo recettore di informazioni, che subisce i contenuti comunicativi dell'altro. Eppure il senso comune in questo caso sbaglia, ed esiste anzi una serie di modalità con cui è possibile ribaltare questa situazione.

La prima caratteristica di questo tipo di ascolto è *interromperci* in tutte le nostre attività. Sembra strano doverlo specificare, eppure proviamo a pensare in quante poche occasioni abbiamo smesso di scrivere, o di guardare la tv o di fare qualsiasi altra cosa che ritenevamo a torto compatibile con l'ascolto. Con l'ascolto riflessivo ciò non deve ripetersi: dobbiamo concentrare tutte le nostre risorse sull'interlocutore, a cominciare dalle orecchie. Prestare ascolto significa innanzi tutto porgere l'orecchio al nostro interlocutore. Non è una banalità, ricordiamoci di quante volte ascoltiamo davvero qualcuno che parla, senza lasciarci distrarre da altri suoni o avvenimenti che accadono intorno a noi, o peggio, ascoltando il flusso dei nostri pensieri: si contano sulle dita di una mano.

In secondo luogo significa porgere gli *occhi*: anche questa affermazione può suonare piuttosto bizzarra, quasi un controsenso. Eppure la vera certezza di essere ascoltati proviene dal contatto oculare del nostro interlocutore. Cosa pensiamo di chi guarda da un'altra parte o sta con lo sguardo perso nel vuoto mentre noi gli parliamo? Di sicuro ci trasmette scarso interesse per ciò che diciamo, come se avesse altro da fare piuttosto che ascoltare le nostre parole. Ci sarà capitato molto spesso durante un colloquio con una persona, di interromperci ogni qual volta essa distoglieva lo sguardo da noi, magari nonostante ci dicesse "Continua pure, ti seguo". Perciò guardiamo il potenziale partner negli occhi mentre parla con noi, non soltanto per educazione, ma anche per farlo sentire al centro della nostra attenzione. Inoltre facciamo dei *cenni di assenso* con la testa: serve a sottolineare che condividiamo quanto l'altro afferma e che lo stiamo ascoltando con genuino interesse.

Terza caratteristica, importantissima, è quella di ripetere di tanto in tanto ciò che l'altro ci sta raccontando, meglio se *parafrasandone* le parole, così da verificare di averle comprese per come sono state pronunciate, chiedendone conferma anche in modo esplicito: "Mi stai dicendo che...?", "Cioè vuoi dire che...?" sono espressioni che mantengono il focus del discorso sul nostro interlocutore, permettendoci al contempo di ottenere un ottimo feedback. Se per caso non abbiamo capito o ci siamo persi un passaggio delle sue parole, semplicemente chiediamogli di ripetere o di spiegarsi meglio: in questo modo dimostriamo attenzione e sincera partecipazione.

La chiave di un ascolto riflessivo sta dunque nell'ascoltare l'altro proprio come se non avessimo la minima idea di quello che ci sta dicendo e come se quelle parole fossero di vitale importanza per noi: ed effettivamente, in quel preciso istante, è davvero così. Stiamo pur certi che vedendo le cose da questo punto di vista, non vorremo perderci nemmeno una sua parola. Allora cerchiamo di riassumere solamente quello che ci è stato raccontato, dimostrando così la nostra volontà di comprendere meglio senza sottovalutare nulla, anzi cercando di condividere lo stato d'animo di colui che ci parla. Invece è controproducente l'abitudine, purtroppo molto diffusa, di non lasciare che l'interlocutore porti a termine le frasi o le domande che sta formulando, incalzandolo con il proseguirle al posto suo, o peggio facendole seguire da commenti e giudizi. Bisogna allenarsi a resistere alla tentazione di rispondere immediatamente o di esprimere pareri, peggio se in modo avventato.

I giudizi non sono in genere graditi, nemmeno se espressi a fin di bene; tanto meno accresceranno la fiducia del potenziale partner nei nostri confronti. Anche le critiche in generale non creano un buon rapporto di fiducia, neppure le cosiddette critiche costruttive: anche se una persona cerca di darci un consiglio perché vuole aiutarci a migliorare un aspetto del nostro carattere, difficilmente riusciremo ad apprezzarlo. Una critica è sempre vissuta come un attacco alla nostra integrità: forse ci ragioneremo sopra per capire se effettivamente c'è qualcosa che non va, magari arriveremo anche a riconoscerne la correttezza e a migliorare, ma il rapporto con quella persona avrà subìto una sorta di incrinatura. Tanto più poi che le critiche hanno la tendenza a spostare il centro dell'attenzione su chi se ne fa promotore, il quale si pone in un'ottica di superiorità rispetto all'interlocutore di cui riconosce un limite. Chi è il protagonista, noi o il nostro interlocutore? Chi deve stare al centro della scena, sotto le luci della ribalta? Dobbiamo insomma fare in modo che sia sempre l'altro il focus dei discorsi.

Il potenziale partner cerca la nostra comprensione, il nostro conforto, non l'ennesima valutazione dei suoi comportamenti, o peggio di ciò in cui crede. Se sapremo dargli comprensione, se sapremo dimostrare sincero interesse quando ci parla di sé e dei suoi problemi, in poco tempo non saprà più fare a meno di noi.

4.4 - Argomenti scottanti

La capacità che più di altre ci rende ottimi seduttori è dunque quella di riuscire a dire al potenziale partner esattamente quello che vorrebbe sentirsi dire. Questo non vuol dire fingere o adularlo in modo strumentale, ma soltanto capire quali sono le sue reali esigenze e far in modo di soddisfarle. I nostri discorsi devono essere incentrati su argomenti e attività che lo interessano, in modo da farlo sentire coinvolto ed attivo: comprenderne gli obiettivi, il modo in cui vuole raggiungerli, le sue passioni e hobby, in una parola la sua mappa, il suo modo di interpretare il mondo. Inoltre dobbiamo confermare la visione che ha di se stesso e della sua identità.

L'identità, come abbiamo già visto, è l'insieme di credenze che ognuno ha su se stesso, rispetto a quello che è o non è, alle sue caratteristiche specifiche e ai suoi limiti. Contrariandolo non faremo altro che infastidirlo e farlo sentire sotto accusa: piuttosto dunque enfatizziamo i suoi pregi e tutti quei tratti del suo carattere di cui va più fiero. Ad esempio, riusciamo a capire che il nostro potenziale partner ritiene di essere dolce e sensibile? Non manchiamo di rilevarglielo e confermaglielo, appena possibile, con frasi come "Una persona dolce come te, con la sensibilità che hai...".

In questo modo riusciremo a creare un'associazione tra noi, la nostra presenza al suo fianco, e la soddisfazione derivante dalla nostra conferma di ciò che lui ritiene di essere; di conseguenza lo condizioneremo a cercarci di nuovo per continuare ad avere simili conferme. La coerenza infatti è un tratto fondamentale dell'identità di ognuno di noi: apprezzando il potenziale partner e descrivendolo proprio secondo il profilo che lui stesso ha creato di sé come persona, non faremo altro che amplificare e sostenere tale coerenza. Questo è un ottimo modo per trasformare la nostra piacevole compagnia in un rapporto più stretto. La regola fondamentale in questi casi è non mettere fretta: essere una presenza costante nella vita del potenziale partner non significa imporsi a forza da un giorno all'altro accanto a lui. Dobbiamo procedere con calma, un passo alla volta, fargli sentire la nostra presenza senza forzare i tempi, farlo sentire apprezzato, compreso ogni giorno, giorno per giorno. Essere un'abitudine piacevole sempre presente, interessarci alla sua vita senza però invadere i suoi spazi e soffocarlo. Apprezziamolo con sincerità, diamogli sicurezza, comprensione, ammirazione; rendiamoci preziosi per lui e al tempo stesso facciamolo sentire prezioso: farlo sentire importante è fondamentale quando vogliamo raggiungere uno scopo seduttivo. Così facendo a poco a poco diventeremo una componente della sua vita a cui presto non potrà più rinunciare: dobbiamo diventare gli unici in grado di soddisfare le sue necessità, così che lui si abitui ad averci accanto e alla lunga non potrà più fare a meno di noi. Dobbiamo creare dipendenza emotiva, che è la base della seduzione efficace.

Una grande attenzione va riservata anche agli *argomenti da evitare*: se l'interlocutore dimostra delle resistenze per certi temi non dobbiamo insistere per nessun motivo. In particolare evitiamo nel modo più assoluto di parlare delle nostre storie passate, in quanto rischiano di lasciar trasparire eventuali nostre emozioni negative. Insomma, se proprio è un argomento che esce fuori, le nostre storie sono state tutte molto tranquille, nessuno ci ha mai lasciato, siamo in buoni rapporti con tutti, non ci sono mai stati problemi. Così evitiamo qualsiasi forma di competizione o di associazione negativa tra la persona che stiamo seducendo e l'ex partner: mostriamoci sicuri e anche lei si sentirà al sicuro con noi.

L'argomento della conversazione comunque deve essere il potenziale partner ed i suoi interessi, non la nostra vita; anche perché se siamo vaghi e facciamo i misteriosi con questa persona, lasceremo un segno molto più profondo, la coinvolgeremo con il nostro fascino, e soprattutto lasceremo che sia lei a fantasticare su di noi. Passerà le giornate a pensare a chi siamo, a cosa facciamo, e a come potremmo soddisfarla. E finirà con l'immaginarci esattamente come lei vorrebbe che fossimo.

Quindi non dobbiamo travolgerla ed annoiarla con il racconto di tutto ciò che riguarda noi: anche quando parliamo di noi stessi, stiamo attenti a coinvolgerla nel discorso, facendo sempre riferimento ai suoi valori, alle sue idee, legando ciò di cui parliamo a lei, comunicandole sempre con entusiasmo e facendola sempre stare a suo agio. Se ad esempio ci troviamo a parlare del nostro lavoro, limitiamoci ad affermare che è un'attività transitoria tra una passione e l'altra, che ciò che conta veramente nella nostra vita sono le nostre idee e le nostre emozioni. E in ogni caso, non soffermiamoci mai su quello che facciamo, sulle nostre mansioni o sul nostro stipendio. Non limitiamoci a sterili informazioni. Parliamo di rapporti umani, di sensazioni, di emozioni. Sono questi gli argomenti che toccano il cuore dell'essere umano e che lo coinvolgono veramente.

In particolare non parliamo mai di soldi: non importa se siamo benestanti o meno, atteggiamoci a misteriosi e comportiamoci come se per noi non fossero mai un problema. I soldi per offrire una cenetta a lume di candela li abbiamo tutti, e non ne servono altri. A nessuno piace essere comprato con i soldi e l'amore vero non si compra. Un bigliettino, una piccola sorpresa, un fiore spesso ci legano ad un'altra persona più di un viaggio alle Maldive.

4.5 - Ristrutturazione

Percepire quello che il partner vorrebbe sentirsi dire significa dunque sapersi mettere nei suoi panni e capire il suo punto di vista. Ancora una volta perciò occorre riprendere la questione della *mappa*: abbiamo già affermato che la realtà così come noi la percepiamo, non è oggettiva bensì un'interpretazione filtrata attraverso le nostre credenze e i nostri valori personali.

La mappa è davvero il punto focale di tutta la nostra esistenza: a partire dalla nostra mappa diamo un senso ad ogni nostra percezione, consideriamo tutto quello che succede giudicandolo in un certo modo. Essa rappresenta una vera e propria cornice all'interno della quale tutto quello che viviamo, osserviamo e pensiamo, assume un certo significato. Per non rimanere chiusi in una mappa troppo rigida, per sfuggire al rischio di isolarsi dalla diversità e dalla relatività delle mappe altrui, è importante ed utile mantenere attiva l'abilità di procedere alla ristrutturazione degli eventi.

Ristrutturare vuol dire appunto cambiare la cornice di un evento o di un sentimento; significa cambiare il contesto all'interno del quale si inserisce qualcosa e perciò lo si interpreta e gli si dà un senso: il significato dipende dal contesto. Ristrutturare significa anche ridefinire, attribuendo significati aggiuntivi o ampliando quelli esistenti, in modo da cambiare il significato che viene attribuito ad una certa esperienza o fatto.

Si racconta che una volta uno strano personaggio fu sorpreso all'interno di un giardino mentre, leggermente accovacciato sulle sue gambe, si muoveva con un bizzarro passo e urlava strampalati suoni. Un pazzo forse? No, si trattava semplicemente del celebre zoologo Konrad Lorenz che stava eseguendo i suoi esperimenti con gli anatroccoli: i piccolini, credendo che lui fosse la loro madre, lo seguivano nel suo giardino, nascosti dall'erba alta e pertanto invisibili dall'esterno. Ecco un esempio di come sia il *contesto* dell'esperimento a darci il *significato* effettivo della vicenda.

Da quanto affermato deriva quindi che ciascun evento può essere interpretato da vari punti di vista e dunque ricontestualizzato, fornito di una nuova cornice e, di conseguenza, di un nuovo significato. Dovremmo fare sempre questo esercizio, per mantenere in allenamento tale abilità ed elasticità: prendiamo un evento, riconsideriamolo in una situazione diversa e cerchiamone nuovi significati. Mettiamo il caso che il potenziale partner ci biasimi per una eccessiva testardaggine. Invece di offenderci e prendercela a male, attuiamo una revisione costruttiva del contesto di questa critica. E' vero, forse siamo testardi con lui; però quella stessa caratteristica potrà esserci di grande aiuto, perché possederla significa, nella vita in genere, che saremo determinati e risoluti nel perseguire i nostri obiettivi. In contesti specifici poi, come per esempio quello lavorativo, potrà anzi rappresentare un vero e proprio vantaggio competitivo.

Oppure pensiamo a quanto cambiano i significati della nostra vita se la consideriamo come un contesto di guerra oppure come un gioco. Iniziamo paragonando la nostra esistenza ad una guerra: avremo intorno nemici, tattiche di attacco e difesa, feriti, qualcuno che vince e qualcun altro che viene sconfitto e dominato. Un quadro decisamente grigio. Come pensiamo che potremo predisporci nei confronti di un potenziale partner? Rischieremo di essere aggressivi, sempre sul chi va là, sospettosi, ostili con il prossimo perché mentalmente condizionati a riconoscere in lui una potenziale minaccia alla nostra incolumità. Diversamente, immaginando che la vita sia un gioco, non vedremo intorno a noi degli avversari bensì dei compagni di gioco con cui condividerne le regole e l'esito, in un clima più giocoso, di divertimento e serenità. Perciò se il nostro potenziale partner si lamenta di noi, non pensiamo subito che non ci apprezzi; non cediamo alla facile tentazione di sentirci inadeguati o incompresi. Pensiamo invece che ci stima e che proprio a partire da questo sentimento positivo, con le sue considerazioni, vorrebbe aiutarci a riconoscere una nostra area di miglioramento. Queste strategie di ristrutturazione possono essere dunque davvero molto utili, non solo per la nostra capacità di essere seduttori ma più in generale per migliorare la qualità della nostra vita. E' molto importante infatti, a maggior ragione se siamo spinti da un interesse di tipo seduttivo, vivere sempre con serenità, esprimendola e comunicandola agli altri con entusiasmo e positività.

In fondo *ottimisti si diventa.* E la ristrutturazione ci mette a disposizione degli strumenti molto potenti per riuscire a vedere il bicchiere sempre mezzo pieno. Guardare la vita sempre in modo positivo, essere gioiosi, trasmettere passione e voglia di vivere, associando a noi stessi l'idea di una persona positiva e raggiante: cosi facendo avremo un miglior rapporto con noi stessi e riusciremo a mostrarci più sicuri in ogni situazione.

Per essere grandi seduttori prima dobbiamo essere soddisfatti e contenti di noi stessi: dobbiamo perciò imparare a distaccarci dalle emozioni negative, che pure è normale provare, senza lasciarci condizionare troppo o troppo a lungo. Emozioni e pensieri negativi sono come veleno che intossica le nostre azioni e comportamenti, compromettendo l'esito positivo delle nostre decisioni.

Pensiamo a quanto può cambiare se invece di lamentarci di una certa situazione che non ci soddisfa, manifestassimo i problemi relativi a quella stessa situazione: lamentarsi significa esprimere un malcontento generico su qualcosa che non va come vorremmo. Ha in sé qualcosa di irrimediabile, un assioma a cui dobbiamo adeguarci con rassegnazione. "Non lo conquisterò mai" è una tipica lamentela che pronunciamo quando la persona verso la quale nutriamo un interesse non ricambia, o sembra non ricambiare, le nostre attenzioni nei suoi confronti. "Prima o poi riuscirò a conquistarlo" invece è la manifestazione di un problema e ci orienta verso una soluzione.

Individuare un problema è un procedimento più costruttivo del semplice dar voce ad una lamentela: come ha fatto notare J. F. Kennedy durante uno dei suoi discorsi, la parola "crisi" in cinese è composta dagli ideogrammi con cui si scrivono sia la parola *pericolo* sia la parola *opportunità*. Se individuiamo un problema dunque, per sua stessa definizione individuiamo anche una sua possibile soluzione: siamo come divisi tra lo stato delle cose così come sono (il problema) e lo stato delle cose così come le vorremmo (la soluzione). Il conflitto reciproco tra queste due rappresentazioni causa in genere diversi livelli di insoddisfazione e stress emotivo, fino al punto da spingerci a passare dall'uno all'altra, risolvendo così il problema: per concretizzare questo passaggio non dobbiamo perciò fare altro che attivare quelle risorse già in nostro possesso, ma ancora latenti, necessarie per superare la difficoltà.

Consideriamo la situazione in cui la persona che ci interessa non sembra ricambiare i nostri sentimenti: in questo caso non dobbiamo lasciarci andare allo sconforto, ritenendo questa situazione come definitiva e irrisolvibile. Dobbiamo invece chiederci in che modo possiamo modificarla: rivedendo la nostra strategia seduttiva o il modo in cui ci poniamo; domandandoci insomma in che modo le nostre qualità e caratteristiche possono essere riutilizzate in modo più proficuo per scavalcare l'ostacolo e ottenere il risultato che desideriamo.

4.6 - Segnali di interesse

Per meglio adattare la nostra strategia seduttiva al nostro potenziale partner, è essenziale essere in grado di comprendere il significato dei vari tipi di reazioni che suscitiamo in lui ed imparare ad ascoltarli attivamente. Sempre considerando il legame tra rappresentazione interna, stato emotivo e la sfera dei comportamenti visibili, è utile allenarsi a tenere in grande considerazione i mille gesti compiuti da chi abbiamo di fronte:

essi sono i segni esteriori dei loro diversi stati d'animo e vissuti interiori. Bisogna dare loro attenzione: sono utilissimi per capire dove stiamo conducendo, a livello emotivo, il nostro potenziale partner.

Soffermiamoci un attimo a riflettere su un fatto che in genere si dà troppo per scontato: ogni giorno, in ogni momento e situazione, noi suscitiamo degli stati d'animo nelle persone con cui interagiamo. Andando a comprare il latte o il giornale, chiedendo informazioni o scambiando due chiacchiere con uno sconosciuto alla fermata dell'autobus: attraverso le nostre parole, il tono di voce, il nostro gesticolare e il modo di guardare gli altri, accediamo al loro *jukebox* di stati d'animo e causiamo sottili reazioni in chi ci osserva.

La respirazione, il colorito della pelle, la direzione e l'intensità dello sguardo, le espressioni del volto, il sorriso: sono questi e molti altri ancora, i segni tangibili delle reazioni emotive dei nostri interlocutori. Chi ci parla inizia a gesticolare con più foga, il suo tono di voce si alza e la sua espressione si aggrotta? Facciamo attenzione, abbiamo detto qualcosa che forse la sta facendo innervosire. Incrocia le braccia e scuote la testa come a dire no? Probabilmente non è affatto d'accordo con quello che diciamo e dimostra con questo gesto, una chiusura fisica che riproduce a livello tangibile quella mentale, la sua avversità alle nostre parole.

E' come se avessimo sempre a disposizione un semaforo che, con le sue tre luci, ci mantiene costantemente aggiornati sulle reazioni del nostro potenziale partner, permettendoci di riorientare i comportamenti e le parole in accordo ai i nostri obiettivi seduttivi.

Tutti quei segni, che rientrano nella sfera della cosiddetta comunicazione non verbale, sono insomma essenziali per capire in che direzione dobbiamo muoverci o cosa dobbiamo evitare, se vogliamo conquistare una persona. Sono degli *indizi*, non delle prove certe: ci consentono di intuire se l'altro è interessato a ciò di cui stiamo parlando o se le nostre parole lo annoiano, o lo infastidiscono, o lo fanno emozionare, permettendoci così di stabilire fino a che punto dobbiamo spingerci e quali sono gli argomenti da cui è meglio tenersi lontani.

Questi indizi si radunano in tre categorie specifiche: i segnali di attenzione, i segnali di gradimento e i segnali di tensione. I primi, i *segnali di attenzione,* sono legati all'olfatto e di conseguenza al naso: il grattarsi leggermente il naso e comunque gli autocontatti in quella zona sono il sintomo di attenzione nei confronti di quanto stiamo ascoltando. Questo perché esiste una connessione precisa tra la mente e l'olfatto, e quando siamo attenti a qualcosa il cervello fa affluire una maggior quantità di sangue in quella zona, cosa che può provocare leggeri pruriti: se il nostro interlocutore dimostra di averne, magari grattandosi leggermente il naso appunto, possiamo pensare che sia molto attento ai nostri argomenti. Il che non vuol dire per forza gradimento, ma solo che stiamo destando la sua attenzione: in particolare alcuni studiosi classificano i pruriti al naso anche come segnali di stress. Se invece l'interlocutore si sfrega con la mano la zona del mento, probabilmente sta attraversando un momento di riflessione o ci sta facendo una richiesta inconscia di approfondimento. Passando poi ai *segnali di gradimento*, questi sono invece connessi al senso del gusto: portare le mani vicino alla bocca, giocherellando con le labbra, mordicchiarsi le dita, mordicchiare una penna, mimare con le labbra il movimento del bacio, mordersi il labbro, inumidirsi le labbra con piccoli movimenti della lingua; sono tutti ottimi indizi di gradimento.

Una terza categoria di gesti, i *segnali di tensione*, invece sono più temibili: possono indicare agitazione e fastidio. Deglutire spesso, ripetere piccoli colpi di tosse secca, schiarirsi la voce, dondolare sulle gambe spostando il peso da un piede all'altro: questi sono dei veri e propri scarichi emozionali.

Ovviamente, ed è bene ribadirlo e ripeterlo più volte, in tutti i casi si tratta solo di indizi, non di certezze: non bisogna essere troppo perentori, saltando subito alle conclusioni. Se qualcuno mette le braccia conserte o accavalla le gambe, classici indizi di chiusura, non è sempre detto che sia irritato o in disaccordo con chi gli parla o con quello che vede. Può anche darsi che sia semplicemente infreddolito, o che stia più comodo in quella posizione. Ecco perché è fondamentale interpretare i segnali di volta in volta, contestualizzandoli, considerando anche altri elementi, come l'ambiente o il carattere della persona con cui parliamo. Gli indizi servono proprio ad indirizzare verso una soluzione più probabile di altre: per questo è importante raccoglierne di numerosi e sotto varie forme.

Ad esempio, stiamo parlando ad una persona che ci interessa e che vorremmo portare a cena fuori; la frequentiamo già da un po' e abbiamo capito che è una persona piuttosto timida e riservata. Nonostante questo però, ha dimostrato un certo interesse nei nostri confronti, seppure in un modo non plateale né inconfutabile. Finalmente prendiamo coraggio e la invitiamo. La sua reazione è quantomeno significativa: con le parole rifiuta, dicendo di no. Ma con il viso, probabilmente senza nemmeno rendersene conto a livello conscio, fa un cenno affermativo, muovendo la testa come a dire di sì. Un comportamento che rappresenta un indizio molto forte e non fa che confermare i nostri sospetti sul suo interesse.

Particolare attenzione va riservata a quello che è sicuramente indicato come uno dei maggiori segnali non verbali di intimità con un'altra persona: la cosiddetta *attenzione ipnotica*, davvero utilissima per constatare di essere entrati in rapporto con qualcuno. Si verifica quando il nostro interlocutore è di fronte a noi in atteggiamento quasi di *trance*: con gli occhi spalancati, è intento ad ascoltare quello che diciamo con il massimo dell'attenzione e della partecipazione emotiva, completamente catturato dalla nostra voce. Ma al tempo stesso sembra come proiettato dentro di sè. E' come se nel suo animo stesse rivivendo quelle sensazioni e quegli stati d'animo cui il nostro linguaggio emozionale l'ha spinto: come se fosse completamente proiettato davanti al suo *jukebox* mentale e stesse ascoltando le sue canzoni preferite. E' proprio durante questa sorta di trance che l'utilizzo di un linguaggio ipnotico ha maggiore effetto.

Per Approfondire: <u>Videocorso Ipnosi & Relax</u>

Giorno 5: Rapporto di Sintonia

5.1 - Mappe della realtà

Ogni persona, ogni nostro amico o amica, ha un modo di esprimersi che manifesta la sua personale mappa della realtà: con un po' di pratica e di ascolto attivo possiamo rendercene conto e avere a disposizione uno strumento fondamentale per la nostra conquista. Ad esempio, immaginiamo che il potenziale partner ci dica: "Sai, io ho sempre una visione della vita e del mio futuro molto nitida e chiara. E vedo con chiarezza che tra noi potrà nascere una bellissima storia". Una replica poco efficace alle parole appena dette potrebbe essere a questo punto: "Beh, in effetti anche io sento dentro di me che sarà così, ho delle sensazioni molto forti, sento il fuoco della passione". Inefficace perché basata su altri *codici rappresentazionali*: è una risposta cinestesica, cioè basata sulle sensazioni, ad un'affermazione visiva. Una frase più efficace sarebbe invece: "Hai ragione, anche io la vedo così. Insieme potremmo avere un futuro veramente luminoso e brillante".

Perché insomma una risposta avrebbe più effetto dell'altra? Semplicemente perché si pone sullo stesso piano del nostro interlocutore, perché rispecchia il suo modo di pensare e di vedere le cose. Ecco allora l'importanza cruciale dell'assioma della comunicazione secondo cui "la mappa non è il territorio": il nostro modo di vedere, interpretare, definire la realtà delle cose, non è altro che nostro. Non è la realtà delle cose in sé, è la realtà delle cose per noi. Ogni persona ha un suo particolare modo di interpretare la realtà e possiede appunto una sua mappa: un insieme tutto personale di valori, idee, interpretazioni e rappresentazioni del mondo. Insieme che va a costituire il nostro modo di vivere la realtà, lo schema attraverso cui conosciamo e riconosciamo il mondo, e orientiamo le esperienze che del mondo facciamo.

Questa è la regola fondamentale che da ottimi seduttori dobbiamo tenere sempre presente: è la base di ogni strategia di conquista e di relazione con gli altri, a maggior ragione nel caso dell'altro sesso. Per questo è bene approfondire il processo con cui gli individui fanno esperienza del mondo che li circonda: è un procedimento cruciale, che può fornire numerose informazioni e, di conseguenza, punti di contatto con la persona che ci interessa conquistare.

Il presupposto insomma è non solo tenere presente la mappa delle persone con cui ci relazioniamo, ma considerare anche il modo in cui si è formata e continua a svilupparsi. Prima di tutto c'è il modo in cui un individuo fa esperienza del mondo circostante: quel processo per cui ogni *input*, ogni elemento informativo che abbia origine dall'esterno, passa attraverso uno o più canali sensoriali e viene elaborato dal sistema nervoso. Di seguito c'è il processo per cui quell'input viene dotato di senso e trasformato per diventare una rappresentazione. Questo passaggio successivo accade perché ognuno di noi si costruisce una propria opinione di quello di cui fa esperienza: vedendo, ascoltando, vivendo. Presta attenzione ad alcuni elementi, ad informazioni particolari e specifiche, ne distorce o addirittura ne ignora altre: un vero e proprio procedimento di filtro e deformazione di quanto vissuto.

E' come se avessimo una porta di accesso, selezione o addirittura cancellazione delle informazioni che i nostri sensi filtrano dall'esterno. Ogni organo sensoriale trasmette tali informazioni al cervello, il quale le elabora, le cataloga e le archivia all'interno del nostro *jukebox* mentale, per accedervi e riconoscerle nuovamente, quando necessario, attraverso il ricordo. Un procedimento che non è nient'altro che il processo di costituzione progressiva della nostra mappa: la tendenza ad includere progressivamente sempre nuove rappresentazioni del mondo in uno schema di pensiero e di interpretazione. Una mappa fatta in buona parte di rappresentazioni interne, ovvero di cose immaginate, ricordate, ricostruite a livello mentale, cui però finiamo col reagire come se fossero reali.

Tutto questo può essere dimostrato con un semplice esempio: ci sarà capitato molte volte di ascoltare il racconto di un amico, la descrizione di qualcosa che ha visto o gli è accaduto mentre eravamo con lui: ad esempio un incidente automobilistico. E di dubitare che si trattasse della stessa esperienza, quasi che le sue parole si riferissero ad un altro evento, tanto il suo racconto era diverso dalla situazione così come noi l'avevamo vissuta.

Questo succede proprio perché ogni persona interpreta e dà senso alla realtà in un modo del tutto personale e unico. D'altra parte sarebbe impossibile cogliere la realtà nella sua totalità: non saremmo in grado di gestire tutte le informazioni che ci arrivano dal mondo esterno, domandole nella loro interezza. La quantità di stimoli con cui ci confrontiamo ogni giorno è davvero sterminata, come lo è la loro qualità e tipologia. Di questo gran numero è necessario che ne vengono selezionati ed elaborati solamente alcuni: ne riusciamo a dominare solo una parte, e solo su quella parte costruiamo la nostra idea della realtà. Una partizione, questa di cui abbiamo appena parlato, che è dovuta all'opera di filtro effettuata dai nostri cinque sensi: udito, tatto, olfatto, gusto e vista sono come una rete, una maglia attraverso cui percepiamo tutto ciò che ci circonda. Un processo continuo di limitazione, deformazione ed elisione di alcune parti della realtà.

Non tutti però operano questa partizione nello stesso modo: ciascuno ha la tendenza a percepire la realtà privilegiando uno specifico *canale sensoriale*. Ecco perché non è un esagerazione affermare che un certo canale sensoriale è alla base della personale rappresentazione del mondo che ognuno di noi si fa: la selezione e il filtro delle informazioni è insomma funzione dei nostri sensi, che con questo processo ne rendono disponibili o più evidenti soltanto alcune. Se così non fosse saremmo letteralmente sommersi da una vera e propria valanga di dati, una massa di elementi informativi tale da restarne confusi. Ecco perché, ed è bene sottolinearlo di nuovo, la nostra rappresentazione della realtà non è la realtà, ma solo uno strumento tutto nostro che costruiamo per muoverci all'interno della complessità.

5.2 - Sistemi rappresentazionali

Questa selezione è il frutto di processi sensoriali di costruzione e descrizione tramite cui elaboriamo internamente la nostra mappa del mondo: processi che passano sotto il nome di *sistema rappresentazionale*, che sono tanti quanti sono i nostri canali sensoriali. Nel processo di filtro della realtà, un sistema rappresentazionale si dice primario quando viene identificato da quel canale sensoriale, che prediligiamo per percepire gli input esterni e ricavarne le informazioni che codifichiamo nella nostra mappa. Ogni canale sensoriale serve da filtro: esso accoglie dall'esterno numerose e diverse informazioni e le elabora. Ognuno di noi infatti vede, ascolta, e prova sensazioni fisiche. Oltre a questi stimoli esterni, possono esserci anche stimoli interni: input cioè che si riferiscono ad immagini mentali ed interiori, come sensazioni ed emozioni.

Comprendere in che modo e attraverso quale sistema rappresentazionale il potenziale partner si rappresenta la sua mappa della realtà è essenziale per poter accedere al suo mondo e quindi per stabilire la strategia di seduzione più efficace. Vediamoli nel dettaglio: si definisce *"Visivo"* il sistema rappresentazionale che predilige il senso della vista; *"Auditivo"* quello che invece si struttura intorno alla sfera dell'udito; *"Cinestesico"* quello relativo alle sensazioni tattili, al gusto e all'olfatto e in generale a tutte quelle sensazioni che possono essere percepite sia tramite il fisico, sia internamente: ad esempio la cosiddetta stretta al cuore o la tenerezza, la serenità e così via.

E' opportuno fare una precisazione al riguardo di questa classificazione: essa resta comunque una divisione teorica di comodo. Non è detto che una persona definibile come visiva, in quanto appunto predilige il sistema rappresentazionale legato alla sfera della vista, sia sempre ed in via esclusiva un visivo. Si può solo affermare che, in modo tendenziale, quella persona privilegia ed usa quel sistema come predominante rispetto agli altri: preferisce utilizzarlo con maggior frequenza, ma questo non significa che lo usi sempre e solo in maniera esclusiva. In genere la preferenza accordata ad un certo sistema sensoriale è di tipo inconscio: si è spinti dal tipo di educazione che ci è stata impartita, dagli strumenti che genitori, parenti e chi ci ha educato ha messo a nostra disposizione durante l'infanzia per farci esplorare e conoscere il mondo circostante. Nel corso della nostra crescita e storia personale poi, ognuno può aver incrementato o ridotto altri approcci rappresentazionali, a seconda di quanto e come l'utilizzo di un certo sistema piuttosto che un altro può avergli comportato vantaggi o eventi spiacevoli.

Forse non risulta immediatamente evidente comprendere quale grande importanza rivesta questa predilezione per un certo approccio sensoriale: sia nei rapporti con gli altri, in via generale, per una comunicazione efficace e persuasiva; sia, più nello specifico, per la buona riuscita di una strategia seduttiva. Questa importanza deriva dal fatto che ogni sistema rappresentazionale va ben oltre l'essere una semplice chiave di interpretazione interiore degli stimoli esterni, e di griglia di passaggio degli stimoli dall'esterno all'interno. Ogni sistema rappresentazionale infatti si lega e si rispecchia in una serie di elementi manifesti, degli *output*, di tipo caratteriale e comportamentale ben precisi: elementi che si trasformano poi in caratteristiche personali specifiche e che creano una segmentazione e una differenziazione tra le persone. E' proprio questa la rivoluzione: gli esseri umani utilizzano i cinque sensi non solo nel ricevere le informazioni dal mondo esterno, ma anche nell'elaborarle internamente, e nell'esprimersi attraverso le parole e i gesti.

Un Visivo, un Auditivo e un Cinestesico sono distinti e riconoscibili tra loro per una serie di elementi manifesti, che fanno parte sia della sfera comportamentale, sia della sfera interiore, relativa ai processi e alle modalità di pensiero. Il modo di atteggiarsi del corpo, i movimenti ed i gesti fisici (il linguaggio non verbale); l'impostazione della voce (il linguaggio paraverbale), cioè elementi come il tipo di respirazione, il tono di voce utilizzato, sono tutti caratteri che variano in modo costante tra le tre categorie di persone. E che le identificano come appartenenti all'una o all'altra tipologia: ecco perché è molto utile considerarle in modo dettagliato per capire la strategia seduttiva più efficace.

- *Visivo*: persona definita così perché tendenzialmente preferisce il sistema rappresentazionale legato alla sfera degli occhi e al senso del vedere. Si fa riconoscere per le seguenti specificità: avrà generalmente una postura eretta, una gestualità ampia e rivolta verso l'alto. I suoi gesti sono in genere molto descrittivi e centrifughi, direzionati cioè verso l'esterno, come se stesse effettivamente descrivendo ciò che il cervello si sta rappresentando nel momento in cui il soggetto parla. Un respiro toracico, quindi fatto di inalazioni brevi e rapide, ed un tono di voce piuttosto acuto, di sicuro con un volume elevato, veloce e di ritmo spedito.

- *Auditivo*: riconoscibile per la tendenza a reclinare la testa da un lato, nella cosiddetta posizione del telefono, o comunque a direzionarla verso la fonte del suono. Le sue mani vengono spesso portate al viso, in special modo nella zona delle orecchie, con una gestualità di tipo ritmico, detta "da direttore d'orchestra" perché con le mani tende ad accompagnare il ritmo delle parole, a ruotarle per spiegare le proprie idee. La voce sarà invece modulata, ritmata e costante, monotona ed a tratti armonica.

- *Cinestesico*: può essere riconosciuto per la postura rilasciata, con le spalle ribassate, lo sguardo basso, una gestualità lenta e rilassata, comunque centripeta rivolta dall'esterno verso se stesso, e ricca di frequenti autocontatti: la posizione predominante è quella di portare le mani allo stomaco. La sua respirazione è molto profonda ed accompagnata da una voce bassa e lenta, con un abbondante uso di pause. Riassumendo, la persona visiva non solo sceglierà un certo accesso sensoriale per gestire la raccolta e la catalogazione delle informazioni. Essa possiederà proprio un modello della realtà del tutto diverso da quello della persona cinestesica, in quanto tenderà a vivere ciascuna situazione della vita in base a quello che ha visto, e non in base alle sensazioni che ha provato. Anche il suo modo di esprimersi, di gesticolare, di muoversi avrà caratteristiche differenti.

Allo stesso modo il linguaggio verbale utilizzato distingue spiccatamente i tre tipi rappresentazionali: si parla di *"predicati sensoriali"* per dire che in generale le persone utilizzano parole (quindi verbi, nomi, aggettivi o avverbi) e metafore che rispecchiano il loro modo di rappresentarsi la realtà. Un Visivo tenderà con esso ad esaltare i colori e comunque a sottolineare tutto ciò che è legato all'ambito delle immagini: dovremo aspettarci commenti come "Sei uno spettacolo" o un uso frequente dei verbi tipo "vedere, guardare, osservare"; nonché termini come "chiaro, brillante, luminoso".

Diversamente l'Auditivo abbonderà invece con descrizioni e contenuti riferiti al mondo dei suoni, usando spesso i verbi e i predicati tipo "ascolta, devo dirti, sono tutt'orecchie, le tue parole sono musica per le mie orecchie" e simili. Delle circostanze o eventi accaduti poi, le persone auditive tenderanno a ricordare una frase detta, le parole delle persone, le voci, la musica o i rumori di ogni tipo. Come è facile che si facciano colpire da partner con un bel timbro di voce.

Da ultimo il Cinestesico invece adopererà più che altro riferimenti verbali alle sensazioni fisiche in generale, sia rivolte all'interno che all'esterno del corpo: per lui quindi le informazioni più spiccate, cioè quelle parti dell'esperienza che rivestono una rilevanza maggiore rispetto alle altre, sono legate alla sfera emozionale. Utilizzerà predicati sensoriali sul genere di "sentire, forte, impatto, mi fai sentire bene" e così via: proviamo a conquistarlo con una frase tipo "ti accarezza l'idea di uscire con me domani sera?".

Alla luce di quanto appena detto è di certo più evidente l'insistenza con cui abbiamo trattato i sistemi rappresentazionali: sono un vero e proprio modus vivendi per le persone. E per fare breccia nel cuore di qualcuno, dobbiamo renderci quanto più simile a lui, adottare il suo punto di vista.

Ritornando all'arte della seduzione, conoscere tutte queste informazioni può offrirci un enorme vantaggio rispetto agli altri: sono elementi davvero preziosi, perché evidenti e facilmente riconoscibili. Sono un aiuto notevole nel perseguire il nostro scopo seduttivo, perché ci permettono di metterci sullo stesso piano rappresentazionale della persona che vogliamo conquistare, ottenendo in breve e senza fatica fiducia e comprensione, e creando con lei una forte ed immediata sintonia. Conoscere chiaramente l'identità del nostro potenziale partner, cioè capire quali siano i suoi valori fondamentali e quali i criteri con cui soddisfa tali valori, ci consente infatti di ricorrere allo strumento della flessibilità e di adattarci alla sua mappa. Così facendo potremo entrare nel suo modo di vedere le cose, nel suo *jukebox* di esperienze, nel suo mondo interiore, proprio per come se lo rappresenta nella mente inconscia: come abbiamo visto, comunicare con una persona visiva utilizzando determinate parole e gesti visivi avrà su di lei un impatto nettamente più efficace piuttosto che se privilegiassimo un altro genere di vocaboli ed espressioni. E lo stesso vale per persone auditive e cinestesiche.

Al contrario, se noi comunichiamo con un visivo utilizzando una terminologia prettamente cinestesica, basata dunque sulle sensazioni, difficilmente ci troveremo in sintonia. Immaginiamo proprio questa situazione, ai limiti del comico: un visivo e un cinestesico stanno parlando. Il primo sta raccontando la sua ultima vacanza in Sardegna: un sole meraviglioso, dei paesaggi stupendi; e lo fa con un tono di voce molto alto, veloce, senza pause. Il secondo, cinestesico, dopo pochi secondi perde il filo del discorso: abituato a dare peso alle sensazioni invece che alle immagini, non riesce a concretizzare il racconto dell'amico visivo e, soprattutto, non riesce a stare dietro alla sua velocità e al suo modo di parlare. Immaginiamo ora il contrario: quando il cinestesico racconta la sua vacanza al mare parlerà del calore della sabbia, della freschezza dell'acqua, di quella sensazione di secchezza della pelle dovuta all'abbronzatura e alla salsedine. E lo farà gustando ogni singola parola con una calma e una lentezza da far rabbrividire il povero amico visivo; il quale si chiederà disperatamente quanto tempo ancora dovrà aspettare prima della fine del racconto.

5.3 - Ricalco

Un ragazzo ed una ragazza sono in una caffetteria. Lei è al bancone, ha ordinato un caffè e sta aspettando di essere servita. Lui sta parlando al telefono a gettoni attaccato alla parete accanto al bancone. E' proprio di fronte a lei. Parla a voce piuttosto alta, cosa che attira l'attenzione della ragazza, che prende ad osservarlo. Lui è decisamente un bel tipo, biondo, fisico ben curato, abito elegante. Le sue occhiate tradiscono un certo interesse, anche se non troppo esplicito. Alla fine della telefonata lui si avvicina al banco, e nota a sua volta la ragazza. Anche lui la guarda con un certo interesse: è scattato il balletto della seduzione. Nel frattempo entrambi sono stati serviti della loro tazza di caffè. Entrambi la afferrano con la stessa mano, ruotandola con lo stesso movimento e nella stessa direzione. Quindi prendono la zuccheriera e facendo lo stesso identico gesto, versano lo zucchero nel liquido fumante, con un andamento circolare, a spirale. Sempre in contemporanea posano la zuccheriera, afferrano la tazza e la portano alla bocca.

Si muovono praticamente nello stesso modo, con gesti sincronizzati e speculari, quasi come se fossero l'uno l'immagine riflessa dell'altro. Naturalmente dopo essersene accorti, i due ragazzi sorridono della sincronia e iniziano a chiacchierare, proseguendo così con le parole il loro piccolo corteggiamento. Questa scena, tratta dal film "Vi presento Joe Black", è decisamente eloquente: cosa succede ai due protagonisti? E' molto semplice: si stanno rispecchiando. In modo inconscio, senza che ne siano razionalmente consapevoli, senza cioè attuare in modo intenzionale i loro comportamenti, i due compiono in modo simmetrico le stesse mosse, si mettono nella medesima posizione, assumono gli stessi atteggiamenti. Proprio come se l'uno fosse l'immagine riflessa dell'altro. Come in uno specchio appunto.

"Ricalcare" vuol dire interagire con un'altra persona riproponendone su di sé gli elementi comportamentali, cioè riproducendone i medesimi gesti, la posizione del corpo, il volume e il tono della voce, la velocità delle parole. La tecnica del ricalco è stata oggetto di numerosi studi, soprattutto ad opera della Programmazione Neuro-Linguistica di Richard Bandler e John Grinder. Eppure essa è stata utilizzata da sempre, ed è una cosa che ognuno di noi attua in modo spontaneo, dunque inconscio: il ricalco spontaneo di due innamorati, che camminano con la stessa andatura, o finiscono con l'utilizzare gli stessi gesti o espressioni del viso; ancora, la somiglianza di due amiche, che tendono a parlare e ridere nello stesso modo, oltre che a scegliere lo stesso tipo di abbigliamento. Un fenomeno che si verifica durante l'interazione tra le persone, quando tra esse si crea una vera e propria sincronizzazione di movimenti e gesti, anche infinitesimali: una specie di danza armoniosa tra i loro corpi, che si parlano al pari di quanto le persone fanno con la loro voce.

Solitamente insomma tutto ciò avviene a livello inconscio, ma è possibile allenarsi ed abituarsi ad attuare questa sincronia in modo conscio: condividere movimenti e posture può aiutare in modo decisivo a creare o rafforzare il legame tra le persone. Da che mondo è mondo infatti, la somiglianza avvicina, mentre la differenza porta all'allontanamento: nel primo caso saremo facilitati a creare sintonia con gli altri, che saranno più aperti e meglio disposti; nel secondo è invece molto più probabile la distonia, che comporta chiusura, resistenze, mettersi sulla difensiva. Il ricalco insomma è una forma di comunicazione, probabilmente la prima che l'essere umano abbia mai avuto a disposizione. Significa avere un linguaggio comune. Significa essere simili. E' come esprimere intenzioni amichevoli: "Sono proprio come te, non avere paura". Quanto più avviene in modo non volontario, tanto più esprime il profondo grado di sintonia che può esserci tra le persone: se due persone si piacciono e si trovano in sintonia, esse tenderanno a rispecchiarsi.

Diversi studi hanno confermato che vale anche il procedimento opposto: se riusciamo ad attuare intenzionalmente il rispecchiamento con il nostro potenziale partner, è molto più probabile che si instauri un rapporto profondo ed intenso, una sintonia. Di sicuro tutto ciò può facilitare molto la nostra comunicazione seduttiva, perché permettiamo all'altro di riconoscere in noi elementi emozionalmente simili ai suoi. E' un po' come ritrovare se stessi: inconsapevolmente ci sentiamo capiti meglio, in un modo più profondo. Come se ci trovassimo insieme racchiusi in una *bolla di luce*, soli noi e lui: comportandoci come il nostro interlocutore, accediamo anche al suo stato interno, alle sue emozioni, agli stati d'animo custoditi nel suo *jukebox* mentale. Proveremo anche noi delle emozioni abbastanza simili a quelle che prova lui, quindi sapremo molte informazioni in più sulla sua mappa, sul suo personale punto di vista.

Dobbiamo fare attenzione però: rispecchiare qualcuno non vuol dire scimmiottarlo o prenderlo in giro. Non si tratta di imitare in modo superficiale: ci vuole spontaneità, naturalezza, sincera intenzione di avvicinarsi all'altro. Infatti questo metodo si basa su elementi di uguaglianza, serve ad avvicinarci di più agli altri.

Una tecnica, come abbiamo visto, tanto semplice da apprendere quanto efficace. E' Milton Erickson, l'ipnotista più celebre del novecento, ad utilizzare per primo questa specifica tecnica finalizzata a stabilire il *rapporto*, cioè una relazione caratterizzata da una forte dose di affinità ed armonia. Semplice perché basata sulla creazione della maggiore vicinanza emotiva possibile con l'interlocutore, sull'entrare in sintonia con lui facendo leva sulle reciproche somiglianze. Enfatizzandole ci renderemo più simili a lui, guadagnandoci la sua fiducia ed aumentando la sua dose di disponibilità nei nostri confronti. E' come aprire le porte alla persuasione. Il ricalco è infatti una vera e propria arte persuasiva, grazie alla quale potremo più agevolmente ottenere l'appoggio, l'aiuto, la cooperazione degli altri. E soprattutto l'amore del nostro potenziale partner.

Cerchiamo di approfondire il discorso, soffermandoci in particolare sul rapporto. Vogliamo tenere le redini di una certa situazione? Ci interessa dirigere l'esito di una interazione a scopo seduttivo? Bene, non dobbiamo far altro che ampliare la nostra gamma di comportamenti, ricorrendo a due semplici ed importantissimi strumenti: la calibrazione e la flessibilità. Per calibrazione si intende quella capacità di intuire in modo rapido e sottile se quello che stiamo comunicando viene accettato o rifiutato.

La flessibilità è invece quella capacità che consegue alla calibrazione: la capacità di riorientare i nostri comportamenti e le nostre strategie comunicative. Se, grazie alla calibrazione, ci rendiamo conto di essere accettati per quello che diciamo e facciamo, non occorre modificare in alcun modo la nostra strategia: basta proseguire sulla medesima strada, continuando a fare ciò che stavamo facendo. Se però ci accorgiamo di una resistenza o, peggio, di un rifiuto da parte del nostro interlocutore, è fondamentale sviluppare ed allenare l'abilità di modificare i nostri comportamenti, fino a che non troveremo quello a cui l'altra persona risponde in modo positivo: in questi termini il ricalco è la risposta più adatta.

Vediamo più nello specifico l'importanza della tecnica del ricalco all'interno della più generale dinamica comunicativa: abbiamo detto che attuare un rispecchiamento equivale a voler trasmettere il messaggio "Io sono proprio come te, quindi puoi fidarti". Ma in che modo questo è possibile? Cioè con quali modalità possiamo attuare un ricalco? Le modalità per mettere in atto il ricalco con qualcuno sono molteplici: possiamo prendere come riferimento il suo stato d'animo, oppure le sue convinzioni. Ancora, possiamo considerare il suo linguaggio corporeo, oppure concentrarci sul tono della sua voce o ancora sul ritmo del suo respiro, e così via.

In effetti le modalità con cui effettuare il ricalco sono tante quante i livelli della comunicazione.

La premessa fondamentale che va fatta a queste linee guida sta nella importanza della congruenza. Abbiamo già detto di come la nostra comunicazione sia il frutto dell'intersezione di più piani: vari livelli, verbale, non verbale, paraverbale, che contribuiscono tutti all'efficacia e alla pregnanza di quanto comunichiamo. E' assolutamente cruciale che tutti i livelli siano congruenti tra loro: che i vari piani si confermino reciprocamente, pena una comunicazione che non arriva a conseguire il suo obiettivo. Il linguaggio verbale deve sempre essere supportato e confermato da un paraverbale e da un non verbale adeguati ed in linea.

5.4 - Ricalco verbale

Per ottenere una influenza semplice e diretta su un'altra persona, la prima cosa da fare, la più intuitiva ed immediata, è sicuramente il ricalco della sua comunicazione verbale. Proviamo a pensare alle sensazioni che proviamo quando, in una regione dove si parla un dialetto diverso dal nostro, incontriamo qualcuno originario della nostra stessa città. Non è forse un vero e proprio senso di sollievo? E non ci sentiamo molto vicini a quella persona, nonostante non ci fossimo magari mai visti prima? Questo accade proprio perché avere lo stesso modo di parlare avvicina le persone, le fa sentire simili e incrementa la fiducia tra loro.

Ma in che modo, concretamente, si può effettuare il rispecchiamento del linguaggio verbale delle persone? Utilizzando i medesimi predicati verbali del nostro interlocutore. Il che significa condividere il suo *sistema rappresentazionale*, in uso al momento, e comunque i suoi stessi modi di rappresentarsi la realtà: quindi le frasi che ognuno di noi usa più di frequente, perché le ritiene più familiari di altre; o le parole utilizzate, sovente sempre le stesse o molto simili.

Ad esempio, come abbiamo già detto, il nostro potenziale partner potrebbe utilizzare molto i predicati visivi: verbi come vedere, guardare; aggettivi come luminoso, chiaro, scuro, brillante; frasi come "vedo un futuro brillante davanti a me", "sono triste, vedo tutto nero" ci indicano chiaramente che questa persona utilizza il senso della vista in maniera dominante nel suo modo di rappresentarsi il mondo. E allora noi ricalchiamo il suo linguaggio con i suoi contenuti visivi: "vedi, penso che tu sia una persona molto solare, vedo chiaramente il nostro futuro brillante insieme". In questo modo la colpiremo davvero nel profondo.

Dunque è corretto affermare che ognuno di noi arriva quasi a crearsi una vera e propria lingua privata, un modo tutto personale di esprimersi: un linguaggio che ci fa sentire a nostro agio. E' inevitabile perciò che se ci imbattiamo in qualcuno che usa termini e immagini a noi consuete, il nostro rapporto con quella persona si semplifica, fino al punto di trovarci improvvisamente in grande sintonia con lui. E quando siamo in sintonia con qualcuno, ci viene naturale essere più disponibili a comprenderlo, a collaborare con lui e ad aprirci nei suoi confronti. Ad affezionarci e perché no, magari anche ad innamorarci.

Ricapitolando quindi, per ricalcare la comunicazione verbale di qualcuno, non dobbiamo far altro che riutilizzare le medesime parole usate dalla persona con cui stiamo parlando, o comunque parole simili, purché appartenenti allo stesso sistema rappresentazionale. Utile anche riutilizzare frasi o parole chiave, modi di dire e tecnicismi inseriti di frequente nelle frasi.

5.5 - Ricalco non verbale

Ricalco non verbale significa *rispecchiare* i movimenti del corpo del nostro potenziale partner, così che lui, senza rendersene conto, possa vedere se stesso in noi che gli siamo di fronte:

quindi studiamone a fondo i gesti ed eventuali movimenti caratteristici. Più in generale dobbiamo riprodurne la posizione del corpo, l'espressione del viso, il modo in cui gestisce lo spazio circostante ed anche il tipo di respirazione utilizzata. Come abbiamo già avuto modo di sottolineare, nel magico mondo del comunicare, le parole sono solo apparentemente le uniche portatrici del messaggio che intendiamo trasmettere. Esse assumono anzi una importanza decisamente relativa, se considerate rispetto alla marea di messaggi silenziosi che lanciamo con tutto il nostro corpo.

In verità quindi, è il corpo il vero strumento di ogni comunicazione. E' solo tramite il nostro corpo che riusciamo a trasmettere un messaggio in maniera completa ed esaustiva: ogni singola parte del corpo veicola un contenuto ben preciso. Un esempio evidente di tutto ciò? Proviamo a pensare alle espressioni facciali: una smorfia, un certo modo di muovere gli occhi o la bocca, può essere spesso e volentieri più eloquente di tante parole. Proviamo ad affermare con la voce "Sì certo" accompagnando però queste parole con un movimento di diniego degli occhi. Quale messaggio sarà passato? Non di certo un'affermazione.

Lo stesso vale per la postura, la quale sicuramente svela molto del nostro modo di rapportarci agli altri. Certo, le parole hanno una loro potenza e capacità di convinzione, non vogliamo in alcun modo negarlo. Ed è altrettanto vero che poco valgono rispetto alla veemenza del linguaggio corporeo, se appare in contraddizione alle parole stesse: e questo anche nei casi di interlocutori logorroici, che ci investono con una profusione di chiacchiere. Possiamo, pertanto, giungere serenamente alla conclusione che ricalcare il linguaggio corporeo di un'altra persona è la strategia più potente ed efficace per stabilire il rapporto, specie in ambito seduttivo.

Immaginiamoci in una discoteca: siamo seduti su un divano insieme ai nostri amici. Poco distante, su un altro divano, una persona ci folgora appena la vediamo, ci piace da impazzire. Vogliamo a tutti i costi conoscerla e, perché no, conquistarla. Allora, la prima mossa che possiamo mettere in atto, ancor prima di andare a presentarci, è proprio quella del ricalco non verbale. Proviamo a sederci nella sua stessa posizione, a seguire i suoi movimenti: lei viene in avanti, noi andiamo in avanti. Lei si poggia sulla schiena, noi ci poggiamo sulla schiena. Lei incrocia le braccia, noi incrociamo le braccia. Magari con un piccolo intervallo di tempo, qualche secondo, così da non rendere troppo palese la nostra strategia. E così via per qualche minuto, in modo tale da creare già un buon rapporto con quella persona, prima ancora di conoscerla e senza che lei se ne sia neanche resa conto a livello cosciente. A questo punto possiamo alzarci e andarci a presentare: ci troveremo già a metà strada nel nostro percorso di seduzione.

Tuttavia un ricalco che si fermi ad un piano superficiale non avrebbe effetto, suonerebbe poco reale, potenzialmente controproducente: è ovvio che non dobbiamo renderci ridicoli, riproducendo ogni singolo movimento dell'altra persona, cosa che farebbe sentire presa in giro lei e farebbe apparire ridicoli noi. Può bastare un accenno. O, ancora meglio, è effettuare il cosiddetto *ricalco incrociato*: ad esempio se l'altra persona muove aritmicamente un piede, noi possiamo fare altrettanto con le dita della mano, e così via, semplicemente allo scopo di avere il suo stesso ritmo ed entrare subito in sintonia.

5.6 - Ricalco paraverbale

Abbiamo già definito paraverbale quella sfera della comunicazione in cui rientrano gli elementi relativi al parlato.

Quindi il tono di voce, il volume, il ritmo e la velocità delle parole, la quantità di pause: non dobbiamo fare altro che osservarle e riproporle mentre dialoghiamo con il nostro interlocutore. Per comprendere quanto sia valido e importante il ricalco paraverbale, consideriamo un esempio: siamo al telefono con il nostro potenziale partner. Adottare la tattica del ricalco durante la telefonata significa semplicemente adeguarsi alla velocità e al ritmo della sua parlata: i risultati possono essere davvero sorprendenti.

Lo stesso può dirsi nel caso del tono della voce: può rappresentare anch'esso un'ottima via di successo. Al contrario toni di voce dissimili portano a grandi difficoltà comunicative, sempre per il fatto che non è soltanto una sfumatura vocale: un certo tono di voce implica un certo modo di essere, un certo modo di rapportarsi agli altri. Chi parla sempre con un filo di voce, con un tono dimesso, potrebbe molto probabilmente essere una persona timida e riservata, a differenza di quelli che invece tendono a parlare con un tono di voce deciso, più alto: saranno probabilmente più spigliati. Proviamo a pensare a quante volte un'idea non ci ha convinto, non è stata compresa, o peggio ancora sottovalutata, soltanto perché espressa con un tono di voce tenue.

O a quegli esami che fruttavano un voto molto più alto rispetto alla nostra effettiva preparazione, grazie al fatto che ci esprimevamo con voce chiara e sicura.

Nel "telemarketing" questo meccanismo è evidente: se vogliamo ottenere risultati commerciali al telefono, dobbiamo adeguarci al nostro interlocutore per creare un rapporto di sintonia. A quanti di noi è capitato di rispondere ad una telefonista che chiamava per venderci un nuovo contratto telefonico o regalarci una borsa di studio per un corso d'inglese? La prossima volta facciamoci caso, se è ben preparata cercherà in ogni modo di seguire la nostra voce. E allora sì che potremo divertirci, esagerando i nostri toni o facendo pause lunghissime!

5.7 - Ricalco emotivo

Effettuare il ricalco emotivo significa comprendere lo *stato d'animo* in cui si trova il nostro potenziale partner e tenerne conto nel modo in cui interagiamo: questo consentirà a lui di sentirsi capito davvero e lo farà sentire più rilassato, consentendoci di avvicinarlo molto di più.

Facciamo un esempio: la persona che vogliamo conquistare sta soffrendo terribilmente perché il suo partner lo ha lasciato.

Consideriamo una prima possibilità. Ci avviciniamo in modo allegro e gli diciamo con un tono scherzoso e squillante: "Ciao. E dai, cos'è questo muso lungo. Ma che ti importa, il tuo partner non era una persona poi così speciale, non ti merita. La vita non è mica finita. Su, andiamo a divertirci". Certo, la nostra intenzione è buona: con queste parole e con il nostro atteggiamento vogliamo scuoterla e farla essere meno triste. Ma raggiungeremo lo scopo? Decisamente no. Anzi probabilmente penserà "Non capisce proprio la mia situazione. Meglio se me ne sto da sola, con il mio muso gli impedirei solo di divertirsi". Ecco cosa abbiamo ottenuto: si è sentita incompresa, fuori posto e si è chiusa ancora di più in se stessa e nella sua sofferenza.

Passiamo allora a considerare una risposta più adeguata: avviciniamoci al potenziale partner con un sorriso comprensivo, magari accompagnandolo con un gesto significativo, un abbraccio o una stretta sulle spalle. E diciamogli con tono calmo: "Ehi, ho saputo di te e del tuo partner. Mi dispiace davvero, è terribile quando una storia finisce... succede a tutti prima o poi. Sai, è toccata anche a me tempo fa. Stavo male proprio come te... e oggi mi sento meglio. Sai, ho capito che in fondo è stato meglio che lei mi abbia lasciato, credo che lei non mi meritasse, di sicuro non era quella giusta. All'inizio non lo capivo, stavo troppo male, e poi la sofferenza è passata e sono rimasti tanti bei ricordi... in fondo la vita va avanti, no? Dai, andiamo a fare un giretto, ti va?". In questo modo abbiamo ricalcato le sue emozioni: gli abbiamo fatto capire che comprendiamo e rispettiamo il suo stato d'animo, che vogliamo stargli vicino. E stavolta possiamo star sicuri di aver raggiunto il nostro obiettivo comunicativo.

Oltretutto dobbiamo sempre tenere presente una regola fondamentale del costituirsi di amicizie e legami sentimentali: le persone tendono ad aggregarsi con chi è simile a loro. A strutturare un vero e proprio gruppo di pari, con cui condividono modi di pensare e di fare, idee e comportamenti: comportarsi e pensarla allo stesso modo è la via più diretta di aggregazione e legame tra gli esseri umani. Stabilire un rapporto di fiducia e comprensione viene molto più facile, quasi automatico, quando si condivide la stessa visione del mondo e lo stesso modo di agire in esso. Le persone in genere si sentono più vicine a chi è più simile a loro. Perciò, che si abbia un fine seduttivo, oppure un qualunque altro fine di tipo persuasivo o anche solo comunicativo, è assolutamente cruciale riuscire ad assomigliargli il più possibile, trasmettendogli questo senso di prossimità al suo modo di vedere il mondo e di vivere.

Ad esempio, consideriamo il caso di voler conquistare un nostro collega in ufficio. Per farlo abbiamo deciso di coinvolgerlo in un progetto. Non bisogna lasciare al caso la scelta del modo e del momento con cui farlo, devono essere entrambi i più opportuni: soprattutto dobbiamo acquisire la capacità di calibrarli sulla personalità e sulle caratteristiche di quella persona. Mettiamo il caso che il nostro collega sia un individuo timido ed estremamente flemmatico. Un tipo che si dice "a carburazione lenta": di quelle persone che di prima mattina soprattutto, hanno dei processi mentali piuttosto rallentati, e manifestano quotidianamente un pessimo umore per le prime ore della giornata. Se noi viceversa, siamo di quelle personalità sempre pimpanti, cariche di energia e sprint non appena apriamo gli occhi e scendiamo giù dal letto, dobbiamo fare molta attenzione al modo in cui ci rivolgiamo a lui.

Alla luce di questa differenza emerge che il momento più adatto per richiedere la sua collaborazione, non sarà certo la mattina. Momento in cui noi siamo pieni di energia, mentre lui, a fronte magari di tre tazzine di caffè, non ha ancora trovato la forza e la voglia di cominciare la giornata lavorativa. Momento in cui la divergenza tra i nostri stati emotivi e comportamentali aumenta la nostra distanza reciproca. Piuttosto, sarà più proficuo aspettare che lui abbia ingranato secondo i suoi ritmi, più lenti rispetto ai nostri standard. Ovvero quando, seguendo i rispettivi tempi naturali, lui abbia superato lo scoglio del suo malumore mattutino e noi abbiamo stemperato l'esplosione di grinta che ci investe al mattino. Senza questa attesa non sarebbe possibile allineare i rispettivi stati d'animo, condizione fondamentale per trasmettere al potenziale partner il fatidico messaggio "Io sono come te. Di me ti puoi fidare". Una dimostrazione di somiglianza che aumenta in maniera esponenziale le possibilità di ricevere da lui una risposta positiva al nostro progetto.

5.8 - Ricalco culturale

La vita è fatta di differenze che tutti dobbiamo rispettare, dovute al fatto che ognuno di noi pensa, vive e agisce in base a determinati e differenti sistemi rappresentazionali: visivo, auditivo, cinestesico. Sistemi che lo portano ad adottare certe parole specifiche, i predicati sensoriali, certi pensieri e punti di vista. Un certo modo di parlare, di fare pause, di respirare. Modo che dobbiamo riprodurre con il rispecchiamento della voce, dei gesti e del linguaggio usato dai nostri interlocutori, o potenziali partner che siano, per accorciare la distanza che inevitabilmente si crea tra le persone. Un vero e proprio ponte per unire due isole, che altrimenti resterebbero separate. In fondo il ricalco non è nient'altro che questo.

E' dunque opportuno spendere alcune parole su un'ulteriore possibile forma di ricalco, quella nota come ricalco culturale. Il ricalco culturale è il processo di riproduzione degli elementi comportamentali ed emotivi relativi all'*ambiente* in cui vive la persona che stiamo prendendo in considerazione. Significa comprendere, rispettare e riutilizzare il suo modo di vestirsi e di pensare, il suo schema di principi ed ideali e tutte le sue abitudini di vita pratica che ne derivano.

L'esempio più evidente che si possa fare in merito è pensare al modo in cui ci rivolgiamo ai bambini. Parlando con loro usiamo il vocabolario forbito e tecnico cui ricorreremmo parlando con un professore dell'università? O quello formale dei colloqui con il nostro datore di lavoro? Certo che no. Sceglieremo piuttosto dei termini più semplici, strutturando le frasi in modo lineare e piano.

Ricalco culturale vuol dire quindi comportarsi in modo adatto allo stile di vita di un'altra persona.

Se ad esempio abbiamo una riunione di lavoro, ci mettiamo in jeans o indossiamo un abito elegante e una bella cravatta? E se andiamo in pizzeria con gli amici? Forse saremo più sportivi. In fondo pratichiamo ricalco culturale anche per superare la selezione all'ingresso di alcuni locali o di certe discoteche, adeguandoci al loro tono con il prediligere un abbigliamento più formale o meno casual. Perché non dovremmo farlo per entrare in sintonia maggiore con il nostro potenziale partner e arrivare magari anche a conquistarlo?

5.9 - Guida

Il ricalco è solo la fase preliminare della nostra strategia di comunicazione efficace: solo dopo essere entrati in rapporto con la persona da sedurre, infatti, potremo passare alla tecnica della *guida*, la fase successiva al ricalco.

Pensiamo al termine guida: è una persona che ci conduce all'interno di un settore o di un qualcosa che noi non conosciamo bene, a cui siamo estranei. Prendiamo il caso di una guida turistica: essa ci accompagnerà lungo il percorso del museo che stiamo visitando; ci illustrerà la storia ed il significato delle varie opere presenti. Opere di cui, altrimenti non avremmo potuto apprezzare fino in fondo le caratteristiche: ci saremmo magari limitati ad osservarle in modo casuale. Ritornando nell'ambito della comunicazione efficace, guidare l'interlocutore vuol dire portarlo verso di noi: è la capacità di condurlo in una direzione, su un terreno che non gli sarebbe proprio per indole o per istinto.

Abbiamo detto che quando rispecchiamo qualcuno, non facciamo altro che sottolineare ed amplificare i tratti che abbiamo in comune, gli elementi di somiglianza. Guidare qualcuno significa introdurre alcuni elementi della nostra mappa all'interno di questo quadro di similitudine: elementi che, in questo modo, riescono a passare quasi inosservati. Non incontrano la resistenza che altrimenti gli sarebbe riservata dal sistema interpretativo dell'interlocutore e possono essere metabolizzati in modo indolore. E' come dire al nostro interlocutore: "Ehi, siamo proprio simili io e te. Ci comportiamo allo stesso modo. E ora guarda, c'è anche quest'altra modalità cui forse non avevi ancora pensato... è il mio punto di vista, il mio mondo... così potremo essere ancora più simili".

Quando guidiamo qualcuno, cosa che è possibile fare solo dopo aver instaurato con lui un rapporto solido, conduciamo la nostra relazione comunicativa verso una certa direzione. In modo graduale, grazie all'uso di elementi appartenenti alle tre diverse modalità percettive, visiva, auditiva e cinestesica, e ai tre piani della comunicazione: verbale, non verbale e paraverbale.

Immaginiamo il caso di due persone che stiano colloquiando. Una delle due, non trovandosi d'accordo con quanto dichiarato dall'interlocutore, inizia ad irrigidirsi e ad inscenare i tipici atteggiamenti di chiusura: braccia conserte, sguardo accigliato, gesti di diniego con la testa. A questo punto l'altra persona deve ricorrere al *ricalco*, rispecchiando inizialmente questo atteggiamento di chiusura. Quindi attuare strategie e comportamenti di chiusura simili, solo meno marcati: in questo modo invierà dei segnali inconsci di rassicurazione all'interlocutore contrariato, che lo sarà sempre meno man mano che si instaurerà il rapporto. Quando questo sarà arrivato al suo culmine, a chi sta effettuando il rispecchiamento non resterà che iniziare a *guidare* l'altro verso comportamenti meno rigidi: iniziando magari a sciogliere l'intreccio delle braccia, e proseguendo con una postura del tutto aperta. L'apertura del non verbale del suo interlocutore seguirà immediato: segno che la guida avrà funzionato.

In realtà il funzionamento della guida è anche una specie di prova del grado di intensità raggiunta dal rapporto. Se stiamo parlando con una persona che ci interessa conquistare, che è seduta di fronte a noi, con il busto eretto, in un atteggiamento piuttosto rigido che denota imbarazzo e non rilassatezza, proviamo dapprima a rispecchiarne questa postura. Poi proviamo una prima volta a cambiarla, ad esempio buttandoci con la schiena all'indietro mentre siamo seduti: una posa decisamente più rilassata. Il potenziale partner ci segue, facendo lo stesso, o rimane fermo, nella sua posizione precedente? Se si rilassa anche lui, stendendosi lungo lo schienale della sedia, significa che abbiamo raggiunto un rapporto profondo. Se questo non si verifica, vuol dire che non abbiamo ancora raggiunto un grado sufficiente di rapporto: dobbiamo quindi proseguire con il ricalco ed essere pazienti.

In via generale, la tecnica di ricalco e guida può essere applicata in qualsiasi contesto comunicativo, non solo verbale, ma anche nella comunicazione scritta. E persino nelle moderne tecnologie di comunicazione: pensiamo ad una nostro amica che, trovandosi in un momento di difficoltà, ci manda un sms scrivendo "La vita è troppo difficile, non ne posso più di lottare ogni giorno". Forse istintivamente ci verrebbe da rispondere "Ma no, dai, la vita è bellissima", nel vano tentativo di aiutarla. Invece dobbiamo ricalcare le sue emozioni e *guidarla* verso un obiettivo: "Sì, la vita non è facile, ed è per questo che dobbiamo starci vicini per affrontarla insieme". Allora sì che la persona si sentirà compresa, e potrà apprezzare il nostro volerle stare vicino.

Per Approfondire: <u>Videocorso Comunicazione</u>

Giorno 6: Strategie d'Amore

6.1 - Accendere la passione

Accendere una passione amorosa: questo è il punto essenziale per far innamorare di noi la persona che ci interessa. La chiave per scatenare questa emozione è capire come nasce: in un certo senso, possiamo affermare che si tratta semplicemente di una *convinzione*, la convinzione appunto di essere innamorato di qualcuno. La persona se ne convince quando riconosce una serie di segnali: alcuni particolari cambiamenti che devono verificarsi nei suoi stati d'animo, nei suoi pensieri, nel suo modo di sentirsi, per definirsi in questo modo. Cambiamenti e stati d'animo che si riferiscono al personale sistema di credenze e valori costruito durante gli anni, a seguito delle esperienze vissute. Piccoli passi, compiuti magari giorno per giorno, che messi tutti insieme conducono alla meta: sentirsi innamorati.Ai fini delle nostre strategie seduttive, per favorire l'innamoramento di qualcuno nei nostri confronti, non dobbiamo dunque far altro che scoprire quali siano questi passi: quali criteri cioè debbano essere soddisfatti affinché la persona che ci interessa arrivi a dirsi, stando con noi,

"Sono proprio innamorato!". Se riusciamo a capire questi meccanismi e a ricalcare questo modello, aumenteremo di gran lunga le nostre possibilità di successo seduttivo. Farlo è facile e immediato, a patto di conoscere alcune nozioni chiave del comportamento umano, soprattutto legate alla sfera della comunicazione. Basta poi aggiungere un po' di pratica con l'uso delle tecniche di persuasione ipnotica, ed il gioco è fatto, saremo in grado senza troppi sforzi di creare un vero e proprio legame con la persona che vogliamo conquistare.

Il punto di partenza è sapere in che modo la mente di quella persona si rappresenta le cose e le persone che desidera ardentemente. Sappiamo bene quanto il linguaggio del corpo abbia un peso nella sfera della comunicazione: peso che quasi sempre è maggiore rispetto a quello del linguaggio puramente verbale. Ogni giorno, durante le nostre conversazioni, tutti noi utilizziamo dei veri e propri segnali extraverbali, cui ricorriamo continuamente, in modo più o meno consapevole. Saperli tradurre significa determinare se il nostro interlocutore ci sta raccontando una bugia, se è convinto di quello che dice o meno, se nasconde più di quanto non affermi. E soprattutto possono fornire indicazioni preziose sulla sua *mappa* e sul suo mondo interiore, il quale ha un'influenza enorme su quello esteriore, dove lascia delle tracce anche molto evidenti.

Ogni gesto ovviamente va interpretato, inserito all'interno del più ampio contesto personale e situazionale del nostro interlocutore. Tenendo presente questo relativismo, non dobbiamo far altro che osservare il potenziale partner, ascoltarlo con impegno, prestando attenzione ad alcuni fattori: dobbiamo sentire quello che dice e il modo in cui lo dice, cosicché potremo determinare con buona approssimazione il suo *sistema rappresentazionale*. Come abbiamo visto, questo termine include tutto quell'insieme di procedimenti e attività mentali con cui l'essere umano entra in contatto col mondo esterno, ne elabora le informazioni, le interiorizza trasformandole in ricordi e le generalizza ricavandone valori e principi astratti. Visivo, Auditivo e Cinestesico costituiscono i filtri delle informazioni provenienti dal mondo esterno: quando parliamo con la persona che vogliamo conquistare, dunque, dobbiamo determinare a quale dei tre tipi essa appartenga, dobbiamo identificare il suo sistema primario. Allora facciamola parlare a ruota libera, a lungo, di qualcosa di personale o di un film visto al cinema; di un ricordo d'infanzia o di quello che ha mangiato la mattina a colazione. Notiamo quale tipo di canali sensoriali utilizza: predominano le immagini, le descrizioni, gli aggettivi, i verbi e le parole legate alla sfera della vista? Sarà molto probabilmente una persona Visiva. Oppure se ricorre spessissimo alla descrizione delle sue sensazioni ed emozioni, alle impressioni tattili avute dalle cose e dalle persone, allora potrebbe essere Cinestesica. O potrebbe piuttosto rientrare negli Auditivi, e relazionarsi col mondo principalmente grazie alle orecchie e a quanto è loro legato. Questo per quanto riguarda i contenuti del discorso.

6.2 - Accessi oculari

Per il riconoscimento delle tre modalità, abbiamo anche un'altra spia, che si riferisce alla sfera concreta del comportamento umano: gli occhi. Sono lo specchio dell'anima, ammonisce il proverbio. E' assolutamente vero, soprattutto in questo caso: attraverso un particolare movimento degli occhi, infatti, l'essere umano dimostra a quale sistema rappresentazionale sta ricorrendo in un dato momento. Sono i cosiddetti "Lateral Eyes Movements" (LEM), movimenti oculari laterali. Li attuiamo in modo inconscio, ogni volta che mettiamo in moto i nostri pensieri: quando parliamo, pensiamo o osserviamo ciò che ci circonda, senza che ce ne rendiamo conto a livello razionale, i nostri occhi si spostano in alto, in basso o di lato. A tutti sarà capitato di trovarsi ad un colloquio e non trovare le parole giuste da dire: allora andiamo in giro con i nostri occhi alla ricerca di informazioni, guardiamo in alto, in basso, a destra, a sinistra, quasi persi nei nostri pensieri, finché non ci arriva un'illuminazione. E' come se stessimo guardando dall'esterno il nostro *jukebox* mentale alla ricerca di quel disco che tanto ci interessa: in realtà, ognuno di questi spostamenti è l'indicatore del canale sensoriale che stiamo utilizzando in quel momento.

L'accesso visivo comporta movimenti oculari verso l'alto: gli occhi dell'interlocutore puntano quindi al soffitto o verso il cielo. Quando invece le pupille ruotano in direzione delle orecchie, dunque i movimenti oculari sono di tipo laterale, allora il nostro interlocutore è in modalità auditiva. Se poi il suo sguardo si rivolge verso il basso, siamo alle prese con un accesso cinestesico, dunque con le sensazioni e la sfera della propria emotività. Con l'ulteriore specificazione che gli occhi diretti in basso, ma verso destra (destra guardando la persona di fronte), indicano il cosiddetto "dialogo interno", quando cioè la persona parla con sé: sono i momenti in cui riflettiamo, o ci facciamo delle domande, isolandoci dall'esterno e focalizzandoci su noi stessi; cosa che facciamo in genere quando siamo sovrappensiero. Esiste poi un'ulteriore differenziazione tra il visivo *costruito* e quello *ricordato*, a seconda che il movimento degli occhi sia in alto a sinistra oppure in alto a destra: nel primo caso chi sta parlando accede ad un'informazione che ha memorizzato, e la fa riaffiorare alla memoria; il secondo invece indica una costruzione, un'immagine mentale, quindi l'invenzione di un nuovo contenuto. Lo stesso dicasi per il sistema auditivo, con la distinzione tra suoni ricordati e suoni costruiti. Questo discorso viene portato all'eccesso da chi afferma che questi due casi sono l'indice di un'affermazione veritiera o di una bugia: in realtà non sono così rilevanti. Ai fini della strategia di seduzione, è più importante sapere che il potenziale partner ha riprodotto un'immagine e non un suono, piuttosto che capire se si tratta di elementi ricordati dal passato o solo immaginati. Senza contare che la distinzione è comunque piuttosto relativa, visto che possono essere motivati da ragionamenti e avvenimenti interiori dell'interlocutore, di cui non abbiamo alcuna conoscenza. Se gli occhi della persona con cui stiamo parlando sono rivolti prima in alto a sinistra (visivo costruito) e quindi in alto a destra (visivo ricordato), mentre ci racconta qualcosa, non per questo ciò significa che ci stia mentendo. Potrebbe voler dire invece che nel ricordare un particolare evento accaduto, stia lavorando di fantasia e ne immagini ulteriori evoluzioni.

Il modo migliore per determinare quale accesso oculare venga privilegiato dalle persone, è quello di rivolgere loro delle domande e osservare in che modo rispondono e in che direzione i loro occhi si muovono. Uno dei tanti esempi potrebbe essere quello di chiedere al potenziale partner di pensare al colore della sua automobile: immediatamente e senza rendersene conto, sposterà gli occhi verso l'alto per visualizzare la sua auto e vederne il colore. Provare per credere. Tornerà a nostro vantaggio abituarsi ad osservare gli altri in ogni occasione, così da avere dimestichezza con l'associazione dei movimenti oculari a determinati pensieri. In molti casi questo ci permetterà addirittura di conoscere una risposta prima ancora che ci venga data a parole. Proviamo a pensare quanto grandi siano le ripercussioni di un così potente mezzo di accesso alle *strategie d'innamoramento*. Chiediamo alla persona che vogliamo conquistare: "Come fai a capire quando qualcuno ti interessa davvero?" e osserviamo con attenzione i movimenti dei suoi occhi. Ad esempio potrebbe guardare in alto, poi abbassare gli occhi a destra e poi a sinistra. In che modo interpretare questi suoi movimenti? Semplice, probabilmente siamo alle prese con una persona a predominanza visiva. Quindi la cosa che per prima lo interessa e lascia il segno è il contatto visivo con qualcuno, come dimostrato dai suoi occhi verso l'alto, segno che probabilmente sta guardando mentalmente la persona. Lo spostamento in basso a destra poi rappresenta il passaggio alla fase del dialogo interiore: probabilmente si starà dicendo "Ehi ma che persona interessante!". L'ultima componente è quindi quella cinestesica, dunque l'accesso a sensazioni ed emozioni. Ribadiamo quindi che nessuno dei tre canali è totalizzante, e che la scelta del sistema rappresentazionale non è stabilita una volta per tutte: avviene inconsciamente, sulla base del modo in cui siamo stati cresciuti, dall'educazione che ci hanno impartito, dagli strumenti conoscitivi che abbiamo a disposizione, dalla situazione specifica.

A questo proposito è esemplificativa la storia di una ragazza che ha conosciuto una persona e ha iniziato a frequentarla. Raccontando ad una sua amica in che modo si sono conosciuti e di come fosse nato il suo interesse per lui, era evidente come il primo impatto per lei fosse stato di tipo visivo. E come, nel vederlo, fosse stata molto colpita dal suo aspetto. Quindi un approccio iniziale tipico del visivo *esterno*. Col proseguire della serata e della sua conoscenza, le sembrava di sentire come una sorta di vocina interiore, proprio come se stesse parlando con se stessa "Ehi questo sì che è un tipo interessante!". Era passata alla strategia dell'auditivo *interno*, dove con "interno" ci riferiamo a situazioni che avvengono solo a livello mentale, interiori dunque. Terminata la serata e una volta rientrata a casa, la ragazza confessava all'amica di non aver fatto altro, la notte e il giorno seguente, che rivedere nella sua testa quel tipo che tanto l'aveva colpita. Si immaginava di vivere con lui alcune situazioni, dall'andare al cinema al pattinare, fino ad immaginarsi il loro primo bacio. Era di nuovo rientrata nella modalità visiva, ma stavolta di tipo interno. Nel visualizzare questo loro possibile primo bacio, si era sentita invadere da una fortissima emozione: ecco la fase del cinestesico interno. Con una strategia del genere, per altro molto comune, il nostro approccio seduttivo potrebbe risultare molto efficace. Potremmo dire: "Non so se ti è mai capitato, sai quando conosci una persona e dentro di te senti come una vocina che ti dice che quella è proprio la persona che fa al caso tuo... e ti immagini con lui e dentro provi delle emozioni così intense... ecco a me succede proprio così. Ora, non so se riesci a capirmi. Non trovi che l'amore sia strano davvero?". Questa frase è ricca di messaggi subliminali che con il giusto tono di voce possono arrivare direttamente al suo inconscio e, soprattutto, ricalca perfettamente la strategia di innamoramento del potenziale partner.

Facciamo un altro esempio, prendiamo il caso di una persona Auditiva: sarà per lei fondamentale tutta la sfera dei suoni. Delle circostanze e degli eventi che le capitano, quindi, essa ricorderà di certo con maggior enfasi i particolari legati all'udito, voci e rumori. Per la sua conquista quindi, è utile sfruttare questa informazione, facendole associare il ricordo delle serate passate con noi ad alcune canzoni particolari. Oppure prestando un po' di attenzione al modo in cui moduliamo la nostra voce: volume, ritmo e velocità delle parole. O ancora, usando spesso il telefono, così da farci "sentire" di frequente, e pronunciando frasi particolari, che essa potrebbe legare al ricordo nostro e delle sensazioni che le abbiamo fatto vivere.

Ancora un esempio: potremmo scoprire che la persona che ci interessa è golosa di cioccolata, dunque proviamo a chiacchierare con lei per approfondire l'origine di questa sua necessità. Potrebbe essere che quando pensa alla cioccolata, muova gli occhi verso l'alto perché visualizza nella sua mente un'immagine chiara, luminosa e molto grande dei cioccolatini. Una immagine che si avvicina sempre di più, fino a renderli irresistibili. Allora possiamo provare ad inserire noi stessi in questo contesto, dicendo magari: "Sai, ora che ti conosco un po' meglio, mi sento sempre più vicino a te. Ogni giorno mi sto avvicinando sempre di più. E credo che il futuro con te sarà sempre luminoso, chiaro e brillante...". Questo significa ricalcare la sua strategia visiva e, a livello inconscio, la sua mente gli suggerirà che siamo irresistibili, esattamente come dei cioccolatini.

6.3 - Metaprogrammi

I metaprogrammi non sono altro che particolari strategie emotive che il cervello di ognuno di noi ha strutturato nel corso degli anni, sempre sulla base delle nostre esperienze di vita. Sono un particolare modo di percepire e organizzare le informazioni, di orientarsi rispetto agli eventi e alle situazioni che ci capitano, di scegliere e di apprendere. In una parola sono lo strumento attraverso cui il cervello umano codifica, dunque attribuisce un certo valore alle esperienze: tornando alla metafora del *jukebox* mentale, i metaprogrammi sono semplicemente le modalità con cui accediamo ai nostri dischi e alle nostre canzoni. E' come se fossero un braccio meccanico che prende il disco e lo porta sul giradischi o, viceversa, il braccio meccanico che prende un disco dall'esterno e lo posiziona in archivio attraverso determinate procedure.

Essi sono anche il criterio sulla cui base selezioniamo il comportamento da attuare nelle diverse circostanze, le scelte e le decisioni che prendiamo o non prendiamo. Pur avendo una definizione linguistica di tipo dualistico, i metaprogrammi non vanno però considerati come delle alternative assolute: non sono in opposizione, ma procedono in parallelo tra loro, come due binari, in modo continuo. Semplicemente, ognuno tende a prediligere un binario piuttosto che l'altro, a seconda della situazione, e comunque lo fa con un grado di intensità molto personale. E' opportuno tenerli presenti per comprendere la particolare strategia di innamoramento di ogni persona: adeguandoci allo specifico modo di interpretare la realtà del potenziale partner, infatti, non solo potremo comunicare con lui in modo più efficace e persuasivo, ma aumenteremo di molto le possibilità di conquistarlo con meno tempo e fatica. Ascoltarlo attivamente, così da capire i suoi metaprogrammi è un passo fondamentale per entrare nella sua mappa del mondo, per comprenderla, rispettarla e quindi per far breccia nel suo cuore.

- *Riferimento esterno/interno*: indica l'importanza che ha il peso dei giudizi esterni sulle scelte e sui comportamenti. Contano tanto, cioè si sente il bisogno dell'approvazione dal di fuori? Oppure sono poco influenti nelle nostre decisioni? Possono essere indizi di una scarsa fiducia in se stessi e di un'autostima un po' vacillante il primo; di un carattere molto chiuso il secondo. Naturalmente sarebbe preferibile la via di mezzo, segno di una buona dose di equilibrio interiore.

Ad esempio, mettiamo che il potenziale partner abbia un forte riferimento esterno. Per lui, dunque, è molto importante il giudizio degli altri: è di quelli che, prima di fare qualcosa, si chiede cosa possa pensarne la gente. La sua attrazione nei nostri confronti potrebbe essere facilitata se i suoi amici gli parlassero bene di noi e vedessero positivamente una nostra eventuale storia: sarebbe opportuno quindi conquistare la sua cerchia di conoscenti, essere loro simpatico, ricercato. Caso opposto, un potenziale partner con un prevalente riferimento interno: nel prendere decisioni gli interessa poco o nulla l'opinione altrui. Si fida più delle sue convinzioni che di quanto dicono all'esterno, perciò è proprio lui che dobbiamo conquistare. Può essere efficace parlargli in questi termini: "Si vede proprio che sei una persona forte e decisa. Perciò non ho dubbi sul fatto che tu sappia riconoscere, dentro di te, certe emozioni". Così facendo, daremo importanza al suo modo di pensare e ragionare, e saremo parte della sua interiorità in modo più facile.

- *Adeguante/disadeguante*: questo metaprogramma ha a che fare con il grado di conformismo e anticonformismo nei comportamenti delle persone. Nel primo caso, gli adeguanti, ci si adatta alle scelte, idee, posizioni altrui; si tende a non fare discussioni, a non mettersi in polemica, a rinunciare a posizioni rigide in nome dell'armonia, dell'equilibrio con gli altri. Al contrario i disadeguanti tenderanno ad avere il ruolo cosiddetto del "bastian contrario": non perché ricerchino il disaccordo e lo scontro per partito preso, non vogliono la polemica fine a se stessa, ma piuttosto non possono fare a meno di sottolineare alcuni aspetti in opposizione alle situazioni che gli altri prospettano. Sono convinti infatti di saperne di più, di poter dare un contributo per migliorare le cose: è questo lo spirito con cui il disadeguante trova quel qualcosa che non va e cerca le differenze. Una tendenza che non ha necessariamente una connotazione negativa: tanto che è una qualità molto richiesta in ambito lavorativo, come sintomo di osservazione e spirito critico.

Un potenziale partner di tipo disadeguante è un osso abbastanza duro da gestire, proprio in virtù della sua tendenza all'opposizione. Ma noi abbiamo una marcia in più; sappiamo riconoscere questa sua predilezione per una reazione *polare*, cioè sempre opposta a ciò che si dice, e siamo in grado di regolare di conseguenza i nostri modi di rapportarci a lui: proviamo con "Tanto lo so, non potresti mai sentire nei miei confronti una forte attrazione...". All'opposto, un potenziale partner che invece adotti modalità adeguanti, perciò di accordo e conformismo, sarà più suscettibile all'assenso verso la tendenza dominante. Non ci dirà di no, se esprimeremo con determinazione le nostre proposte e se soprattutto queste proposte saranno in linea con le idee della maggioranza.

- *Chunk up/down*: i chunk sono i "pezzi" di informazione. Chunk-up si riferisce a quelle persone che interpretano la realtà per blocchi di informazioni molto grandi, senza troppi particolari. Chunk-down identifica il caso contrario: un'interpretazione lunga e dettagliata, ricca di particolari. E' abbastanza semplice riconoscere quale dei due metaprogrammi venga preferito dal nostro interlocutore: basta porgli una domanda aperta, del tipo "Come è andato il fine settimana?" e ascoltare la sua risposta. Può essere breve e concisa: "Davvero bene!". Oppure lunga e dettagliata: "Alla grande. Sai abbiamo scoperto un nuovo locale..." e via proseguendo con la descrizione puntuale del posto, dell'animazione, della musica. Il primo caso è la tipica risposta di un metaprogramma chunk-up: uno che interpreta gli eventi per grandi tratti, vedendo scenari di ampio respiro e sintetizzando le sue esperienze in concetti molto generici. Nel secondo caso si ha a che fare invece con un metaprogramma chunk-down: la realtà è fatta di piccoli elementi e dettagli minuziosi. L'incontro e la comunicazione tra persone che utilizzano queste due tipologie può essere molto difficoltoso, ecco perché è ancora più importante riuscire a sintonizzarsi. Altrimenti la conversazione sarà difficilmente piacevole e soprattutto poco efficace: si potrà arrivare addirittura ad un vero e proprio senso di sofferenza reciproca, noia da una parte, impossibilità di comprensione dall'altra.

Ad esempio, con un potenziale partner con metaprogramma chunk-down, per entrare meglio in sintonia e colpirlo, è bene utilizzare descrizioni molto dettagliate. Perciò, nei nostri discorsi abbondiamo di particolari, trattiamo tutti gli aspetti dell'argomento in modo preciso, descrivendoli nello specifico: approfondiamo in modo minuzioso, dando importanza anche alle sfumature. Al contrario, colloquiare con un potenziale partner di tipo chunk-up, significa prediligere un approccio verbale di tipo più generico: preferiamo le visioni di insieme, i discorsi di ampio respiro, per grandi linee, sottolineando emozioni ed atmosfere delle situazioni di cui parliamo, senza farne rapporti precisi. Attenzione a non dilungarci in particolari quindi, o lo annoieremo.

- *Verso/via da*: le azioni di una persona sono guidate dall'allontanamento rispetto a cose e persone che provocano loro malessere e sofferenza? Di sicuro lo ascolteremo pronunciare frasi del genere: "Stasera andiamo in un locale qualsiasi, purché non ci sia musica assordante e nuvole di fumo ovunque". Oppure le sue scelte sono piuttosto direzionate al raggiungimento di qualcosa? "Voglio andare in quel pub dove ci sono i giochi da tavolo, è così divertente!". Allontanamento o avvicinamento sono i due principi che strutturano questo particolare tipo di metaprogramma: ovvero, ragionare nei termini di ciò che una persona non vuole e perciò preoccuparsi delle cose da cui stare lontano, oppure sapere cosa vuole e muoversi verso i propri obiettivi.

Ad esempio, immaginiamo che il potenziale partner sia di quelli che preferiscono tenersi lontani da quelle situazioni, eventi o emozioni che non gli sono gradite. Quando parliamo con lui, dobbiamo perciò prediligere espressioni del tipo: "Finché sarai insieme a me non dovrai più preoccuparti delle tue paure, delle tue insicurezze...". Al contrario una frase tipo "Con me troverai la sicurezza, la dolcezza e ti sentirai sempre a tuo agio..." è invece adatta al metaprogramma di chi ricerca in modo attivo ciò che lo fa star bene. Costruendo le nostre frasi in questo modo, dunque, saremo di sicuro molto più in sintonia con un potenziale partner che si rifaccia ad una strategia "verso".

Questo metaprogramma non è altro dunque che la classica strategia dell'educazione basata su *premio/punizione*: i bambini si comportano educatamente perché ricevono amore dai genitori o per paura di una punizione? I moderni studi di psicologia motivazionale confermano tuttavia che la strategia punitiva nei confronti del bambino che sbaglia è poco efficace oltre che molto discutibile in termini di etica. Un bambino dovrebbe sempre essere educato tramite premi e ricompense: si comporta bene? Ottimo, allora lo facciamo sentire importante, e gli facciamo sentire quanto siamo fieri di lui. Non è educato? Allora sottolineiamo il suo comportamento sbagliato, in maniera precisa e dettagliata, dopodiché gli diciamo che comunque è un bravo bambino e che, in quanto tale, ci aspettiamo da lui un comportamento più maturo. E terminiamo con un sincero "Ti voglio bene".

E noi come ci sentiamo motivati? Dall'idea di essere degli ottimi seduttori o semplicemente abbiamo timore di essere considerati timidi e impacciati? Anthony Robbins, uno dei più grandi motivatori del mondo, formatore dell'ex presidente Bill Clinton e di grandi sportivi come il tennista Andrè Agassi, ha fatto di questo metaprogramma un vero e proprio metodo che insegna nei suoi corsi di motivazione e potere personale: secondo Robbins, *piacere/dolore* sono le leve motivazionali più forti per ogni essere umano. Tutti noi cerchiamo il piacere e al tempo stesso fuggiamo dal dolore e, sfruttando questa strategia, possiamo decidere di modificare qualsiasi nostro comportamento o convinzione in modo semplice e istantaneo: basta associare dolore al vecchio comportamento e associare piacere a quello nuovo. Vogliamo smettere di essere timidi? Bene, chiediamoci quanto dolore ci ha causato nella vita questo nostro limite, quante sofferenze abbiamo passato e quanto ci costerà ancora mantenere un simile comportamento. Ora, soffermiamoci sull'essere spigliati e sicuri di sé: chiediamoci quanto sarebbe bello comportarsi con sicurezza e fascino in ogni situazione, quanto piacere potremmo trarre dall'essere ottimi seduttori. E chiediamoci cosa ci impedisce di fare questo cambiamento adesso: ci renderemo subito conto che nulla ci trattiene al di fuori dell'abitudine ad esserci comportati come timidi per anni. Se vogliamo rompere questa abitudine e crearne una nuova, non resta che cominciare subito a comportarci nel nuovo modo, condizionando il nostro comportamento, allontanandoci così dal dolore e godendo del nuovo piacere per il resto della vita.

6.4 - Strategie persuasive

Quante volte usciamo da un negozio con prodotti che non avremmo mai pensato di acquistare? Quante volte compriamo qualcosa perché ci sentiamo incastrati dalla situazione che si è venuta a creare? In realtà spesso è l'abile venditore che crea la situazione, riuscendo così a far leva su delle strategie persuasive che sono installate in noi a livello inconscio. Vediamole:

- *Reciprocità*: è una strategia molto efficace, frequente soprattutto nell'ambito delle vendite. Una volta un ragazzo era in giro per fare alcuni acquisti ed aveva fame: così è entrato in una pizzeria a taglio, per fare uno spuntino. Il commesso è stato molto gentile: vedendolo dubbioso su quale tipo di pizza scegliere, gli ha dato un piccolo assaggio di vari pezzi di pizza. Anche se in pratica era ormai quasi sazio, dopo tanta premura da parte sua, come poteva andarsene comprando solo un paio di supplì? E fu così che in virtù di questa sorta di senso di riconoscenza, alla fine questo ragazzo ha ordinato diverse tipologie di pizza, spendendo ben più del previsto.

In ambito seduttivo questa strategia consiste nel dare una sorta di "assaggio" di noi, di quello che siamo, alla persona che vogliamo conquistare, con la sicurezza di ricevere altrettanto in cambio. Prendiamo ancora una volta il caso di un esempio concreto: l'abbiamo invitata al cinema e lei ha accettato. Il giorno della nostra serata, paghiamole il biglietto. E' solo un piccolo gesto che la farà sentire stimolata a ricompensarci, magari accettando un invito a cena il giorno dopo: naturalmente non dobbiamo pensare di comprare il suo amore, questa tecnica serve solamente per meglio disporre il potenziale partner ed abituarlo alla nostra presenza nel tempo. E' ovvio che la sera seguente, a cena, dovremo poi tirare fuori tutte le nostre doti e le nostre risorse comunicative per riuscire ad affascinarlo.

- *Contrasto*: è quella metodologia con la quale siamo in grado di sottolineare i nostri pregi rispetto agli altri, facendoli risaltare ancora di più al loro paragone: questo avviene semplicemente operando il confronto tra noi e le innumerevoli altre persone che ci sono al mondo. Proviamo ad inserire, durante una nostra conversazione con la persona che vogliamo conquistare, una frase del tipo: "Sai, davvero non riesco a capire certa gente... ieri ho visto due fidanzati in un bar che si prendevano un caffè, non puoi immaginare quanto lui si sia comportato male: ha cominciato a prenderla in giro davanti a tutti, ad urlare, senza il minimo rispetto. Io disprezzo veramente le persone che si comportano così, il rispetto è un valore a cui io tengo moltissimo". Oppure più semplicemente: "Mi sembra che il mondo sia popolato di persone sempre più aride... sono proprio felice di sentirmi invece sereno e pieno di entusiasmo".

Un ulteriore utilizzo di questa strategia, potrebbe poi essere quello di convincere il potenziale partner a fare quello che desideriamo. "Ieri ad un mio amico è capitata una cosa molto particolare: ha incontrato una persona davvero poco intelligente. Pensa che gli ha negato un appuntamento, senza neanche conoscerlo. Questo per me significa davvero avere i paraocchi, avere un cervello limitato… come si può rifiutare qualcosa che nemmeno si conosce in realtà", aggiungendo dopo un po': "...a proposito, che ne dici di andare a cena fuori domani sera?". E' come se inconsciamente, le stessimo dicendo "Se adesso tu rifiuti, sei una persona poco intelligente anche tu". E questo renderà il nostro invito molto più difficile da rifiutare. Ma facciamo anche un ulteriore esempio: "Tu sei una persona davvero molto intelligente. Poi sei aperta, sveglia. Non capita tutti i giorni di conoscere qualcuno così, con cui sentirti subito a tuo agio e con cui poter parlare di ogni cosa liberamente e con intelligenza. Che ne pensi, ti andrebbe di andare a bere una cosa domani sera?". Sarà difficile avere un no come risposta. Prima di tutto perché abbiamo assegnato al nostro interlocutore una precisa identità, e così facendo non potrà rifiutare l'invito, pena lo smentire questo suo profilo di persona intelligente. Secondo perché abbiamo utilizzato un linguaggio molto ambiguo, nel quale non è chiaro chi sia il protagonista: non si capisce cioè se siamo noi ad aver conosciuto una persona speciale o viceversa, se è lui che ha incontrato noi, con cui può sentirsi a suo agio. L'effetto di un sapiente uso del "tu narrativo".

- *Conformismo*: significa adeguarsi a ciò che è conforme, quello che la maggioranza ritiene giusto o normale. In ambito seduttivo questo ha una traduzione davvero molto semplice: in nome di questa strategia, una persona può rimanere affascinata da noi con più facilità se viene a sapere che abbiamo già altre alternative oltre a lui. Avere più pretendenti infatti, significherà ai suoi occhi essere una persona molto ricercata, ambita, piena di fascino e sicura di sé. Se poi la nostra fama di abili seduttori ci precede, allora quasi nessuno potrà resisterci. Chiunque sarà portato a pensare: "Se è così ambito, così pieno di corteggiatori, evidentemente è davvero una persona che vale tanto, evidentemente ci sa davvero fare... deve essere mio". Ecco perché spesso far ingelosire i pretendenti è un'ottima tattica: serve a creare quel desiderio e quell'attesa che smuovono gli animi.

- *Scarsità*: la regola per cui aumenta il valore di quelle cose presenti in numero limitato. Come i diamanti o l'oro, così le persone quando sono difficilmente raggiungibili, assumono un maggior valore agli occhi degli altri. Nel commercio è una regola ben conosciuta: durante un Natale di qualche anno fa, era appena uscita sul mercato la Playstation2, la famosa console per videogame della Sony. Molte persone avevano deciso di averla a tutti i costi, per regalarla a figli e nipoti. Però si verificò una tale corsa all'acquisto, che in tutti i negozi, nel giro di neanche una settimana, si registrò il tutto esaurito.

Insomma, il Natale si avvicinava ma della console nemmeno l'ombra. Per molti ormai era diventata una questione di principio: bisognava trovarla a tutti i costi, e si era disposti a pagarla qualsiasi prezzo. E allora quanto sarebbe disposto un potenziale partner, in preda al desiderio, ad averci? E alla luce di queste riflessioni proviamo quindi a chiederci quanto valiamo noi come persone. Quanto vale la nostra autostima? Noi sì che siamo unici e inimitabili.

- *Autorità*: secondo questo principio, la maggior parte dei rapporti umani è contraddistinta da un rapporto di autorità; pensiamo a noi che andiamo a svolgere un esame o un colloquio di lavoro. Nella nostra mente sentiremo il peso di questa autorità: andiamo lì per essere giudicati. Ma se incontrassimo quella stessa persona fuori dal suo contesto, magari perché è un amico di famiglia, lo tratteremmo come un nostro amico, alla pari dunque. E allora perché dobbiamo lasciarci influenzare da un principio che è solo una costruzione mentale? Quando andiamo ad un incontro di lavoro, proviamo a pensare che siamo entrambi due essere umani, con gli stessi valori e gli stessi diritti. Anche se in un certo contesto quella persona ha più potere di noi, deve portarci rispetto. Sempre. Allo stesso modo la prossima volta che abbiamo un appuntamento galante con un potenziale partner, o che siamo in una discoteca alla ricerca di una persona da conquistare, cambiamo atteggiamento. Non dobbiamo avere paura di essere giudicati.

Non dobbiamo "sperare di andare bene per lui o per lei". Siamo noi a scegliere. Siamo noi l'unica autorità di noi stessi. Siamo noi a decidere se quella persona va bene per noi, e mai viceversa. E quando decidiamo di prendere un appuntamento, evitiamo il "Ti andrebbe di uscire con me?", e proviamo con "Non so se stasera mi va di uscire con te, non so se sei la persona adatta a me. Io sono un tipo molto esigente...". Solo così, cambiando il contesto della situazione, i ruoli si invertono e noi ci ritroviamo protagonisti della seduzione.

6.5 - Piramide dei bisogni

Scoprendo queste strategie è più agevole la costituzione di un legame tra noi e i desideri del potenziale partner: è importante comprendere il suo modo di rappresentarsi interiormente le cose, le modalità con cui la sua mente costruisce la realtà, nonché la struttura di bisogni e necessità. Dietro ogni azione o decisione, infatti, c'è un particolare tipo di *bisogno*: questa è la regola base della motivazione. I primi e più importanti approfondimenti teorici relativi alla struttura dei bisogni umani, risalgono alle ricerche di uno psicologo americano, Abraham Maslow: non a caso, infatti, la schematizzazione della struttura dei bisogni umani viene chiamata "piramide di Maslow", ancora oggi riferimento principale per gli studiosi di psicologia del comportamento umano e della motivazione. Questo nome ne evidenzia la caratteristica fondamentale, la struttura di tipo piramidale: le necessità umane seguono infatti una precisa gerarchia. Partendo dalla base della piramide, che contiene il maggior numero di necessità, fino alla punta, abbiamo:

- bisogni *fisiologici*: quelli che hanno a che fare con la sopravvivenza. Mangiare, bere, dormire: azioni direttamente finalizzate alla soddisfazione di necessità biologiche, fondamentali per continuare a vivere.

- bisogni di *sicurezza*: quelli che garantiscono all'individuo protezione e serenità.

- bisogni di *appartenenza*: la necessità, retaggio della nostra natura animale, di essere parte di un gruppo.

Queste prime tre categorie costituiscono i cosiddetti bisogni primari: sono quelli più basilari, quelli che cerchiamo di soddisfare per primi. Solo dopo esserceli assicurati, allora passiamo a preoccuparci dell'ultima categoria, composta da due ulteriori livelli:

- bisogni di *stima/autostima*: quelli che riguardano il rispetto e la fiducia nei nostri confronti, sia dagli altri che da noi stessi. Il sentirsi apprezzati, compresi, approvati.

- bisogni di *realizzazione*: realizzazione professionale, sentimentale e spirituale. Raggiungere le proprie mete, realizzare la propria missione, confermare la propria identità.

Perciò se una persona decide di andare fuori a cena la sera, piuttosto che restare a casa, se decide o meno di fare un certo tipo di vacanza, dietro tutte le sue scelte, insomma, si nasconde la ricerca di soddisfazione di un certo tipo di bisogno. Ciò che spinge ognuno di noi a comportarci in un certo modo, o decidere qualcosa piuttosto che qualcos'altro, quella spinta è la motivazione: conoscere la chiave che apre la porta della motivazione di una persona, significa avere la possibilità di proporle in modo più efficace le nostre idee, o i nostri prodotti. Lo stesso vale nel gioco della seduzione di una persona: grazie alla conoscenza dei suoi bisogni, potremo ipotizzare con una buona approssimazione che tipo di comportamenti preferirà attuare o non attuare. Se il nostro potenziale partner sente molto forte il bisogno di appartenenza, per esempio, dovremo proporci ai suoi occhi come leader di una comitiva di amici, e cercare sempre di coinvolgerlo in uscite di gruppo, rendendolo parte del gruppo stesso: ai suoi occhi saremo così la risposta ad una sua forte necessità e creeremo un legame di dipendenza emotiva.

La struttura dei bisogni umani è l'ennesima prova dell'importanza cruciale di capire, nel modo più approfondito possibile, il mondo della persona che stiamo conquistando. Pensiamo alla *differenza tra uomini e donne*: nel libro "Gli uomini vengono da Marte, le donne da Venere", lo psicosessuologo americano John Gray ci guida a scoprire le diversità tra i due sessi, determinanti per una relazione a lungo termine. Secondo Gray, l'uomo è abituato a risolvere da sé i suoi problemi, non ha bisogno di nessun altro, e se chiede aiuto lo fa in cerca di una soluzione. Al contrario la donna ama condividere i propri problemi, e questo spesso le basta per scaricarne il peso. Ma l'uomo non lo sa e continuamente cerca di trovare soluzioni, seppur non richieste. E così l'uomo parla con frasi tipo "Ma dai, non ti preoccupare. Non è una cosa importante. E poi basta fare così e così...". La donna invece di apprezzare l'aiuto dell'uomo, finisce per sentirsi non compresa e del tutto sminuita. A quanti di noi capitano spesso queste situazioni? Allo stesso modo, mentre l'uomo ha bisogno di apprezzamento su quello che fa, la donna ha bisogno di apprezzamenti su se stessa, sulla propria persona. Immaginiamo due fidanzati che vanno a cena fuori: a fine serata, lei dice che il ristorante non le è piaciuto affatto. Come crediamo che reagirà lui? Sarà molto seccato e si sentirà offeso personalmente, proprio perché l'uomo tende ad identificarsi con quello che fa. Quindi se vogliamo far felice un uomo, lodiamo i suoi comportamenti, il suo lavoro, il ristorante dove ci ha portato. Viceversa la donna cerca apprezzamento su se stessa, sulle sue emozioni, sul suo modo di vestirsi e di curarsi. Proviamo a lodare i suoi capelli, la sua bellezza, la sua eleganza: otterremo dei risultati incredibili. E la prossima volta che discutiamo con un partner o che semplicemente vogliamo colpirlo con un complimento ad effetto, teniamo bene a mente queste differenze di bisogni: sono una delle carte vincenti non solo nel corteggiamento, ma soprattutto in un rapporto che sia basato su rispetto e comprensione.

6.6 - Metamodello linguistico

Per meglio comprendere in che modo funzionano questi meccanismi e strategie all'interno del nostre cervello, è essenziale approfondire alcuni aspetti del funzionamento della nostra mente. In effetti ogni persona compie diverse operazioni sulla sua personale esperienza della realtà. Queste operazioni sono inconsce e servono a meglio schematizzare la propria rappresentazione interna della realtà: ciò vuol dire che, inevitabilmente, deformiamo sempre la realtà, in modo più o meno incisivo. D'altra parte sarebbe impossibile gestirne la complessità intera: dobbiamo quindi semplificarla, costruendo delle strutture più semplici che nell'insieme danno vita ad una vera e propria mappatura di tutte le situazioni possibili, da poter riutilizzare in modo più funzionale e rapido a seconda delle necessità.

Le esperienze, i criteri di scelta e di decisione di cui ognuno tiene conto per elaborare quegli schemi e strutture di riferimento sono numerosi e molto diversi, tanto da non essere uniformabili. Ciò che può essere isolato, invece, sono piuttosto i processi che regolano l'apprendimento, processi senza i quali non sarebbe possibile memorizzare nessuna esperienza. Processi che sono pertanto indispensabili per la nostra vita pratica: generalizzazioni, cancellazioni e distorsioni. Vediamoli nel dettaglio:

- *Generalizzare* vuol dire riunire insieme più esperienze simili: è la tendenza ad organizzare il mondo in categorie. Ad esempio se noi sappiamo aprire la porta di un qualsiasi edificio è perché ormai sappiamo come funzionano le porte; ne abbiamo vista una da piccoli, abbiamo pian piano imparato ad aprirla e a chiuderla e sommando le nostre esperienze abbiamo generalizzato il funzionamento delle porte. Questo tipo di generalizzazioni ci aiutano a muoverci nel mondo senza dover ogni volta imparare tutto da capo. Al contrario se noi pensiamo "le donne sono tutte in un modo, gli uomini sono tutti in quell'altro modo" solo perché abbiamo vissuto un'esperienza che ci ha ferito, ci limiteremo e tenderemo a precluderci la possibilità di nuove relazioni.

- *Cancellare* invece è un'operazione di selezione dell'attenzione. Dato che di ogni situazione sarebbe impossibile prendere in considerazione e memorizzare tutti gli elementi, siamo costretti a focalizzare la nostra attenzione su determinati particolari e componenti, eliminando quello che ci sembra meno utile o rilevante. Cancellazione è insomma quando ignoriamo alcune fette di realtà, vuoi per rimanere congruenti con i nostri valori, vuoi per l'impossibilità oggettiva di gestire troppe informazioni insieme: dunque essa ci aiuta nella gestione delle eccessive informazioni che ci vengono dal mondo esterno. Tuttavia in alcuni casi potrebbe bloccare i nostri comportamenti: tornando all'esempio precedente, se noi pensiamo che "le donne sono tutte in un modo", allora cancelleremo, a livello inconscio, tutte le esperienze che dimostreranno il contrario e ad esempio non ci renderemo conto di quante brave ragazze ci sono intorno a noi.

- *Distorcere* vuol dire infine adattare la realtà a ciò che noi stessi vogliamo vedere, sulla base delle nostre credenze e dei nostri riferimenti. Rimaniamo nel medesimo esempio: una distorsione sarebbe vedere la fidanzata del nostro migliore amico parlare con un ragazzo e pensare subito "vedi come fa la stupida con quel tipo... tanto le donne sono tutte uguali". Magari la poverina non sta facendo nulla di male, semplicemente scambia due parole con degli amici ed è anzi tanto innamorata e felice con il suo fidanzato. Ma la nostra generalizzazione sulle donne ci porta a distorcere gli eventi, così da adattarli alle nostre idee. Certe volte invece una distorsione può aiutarci a raggiungere i nostri obiettivi, quando migliora la fiducia in noi stessi o semplicemente quando ci permette di essere creativi e fantasiosi: in fondo la creatività altro non è che la capacità di distorcere la realtà in maniera più o meno fantasiosa.

In questo contesto, lo scopo del *metamodello linguistico*, detto anche modello di precisione, è dunque quello di risalire al vero significato di una comunicazione, arrivando alla struttura profonda di ciò che una persona sta pensando. In pratica è l'esatto opposto del modello ipnotico che abbiamo visto all'inizio, che ha il suo punto di forza proprio nel linguaggio vago e ricco di ambiguità.

Ad esempio mettiamo che il nostro potenziale partner ci dica che non vuole uscire con noi perché in questo periodo della sua vita ha paura e non vuole storie. In una affermazione del genere, da un punto di vista strettamente linguistico, sono stati cancellati alcuni elementi: paura di chi o di cosa? E poi paura è una parola generica: cosa intende specificatamente per paura? Sappiamo bene che ogni persona ha la sua mappa della realtà, la sua visione del mondo, quindi nel suo campo di esperienze e riferimenti, cosa si racchiude nel suo termine paura? A questo proposito riportiamo uno schema di dialogo che potremmo avere con il potenziale partner (PP), in questo caso una donna:

PP: "In questo momento voglio stare sola"

Noi: "Dimmi una cosa: che succederebbe se tu fossi fidanzata con me, ora?

PP: "Avrei paura"

Noi: "Paura di cosa?"

PP: "Paura di perdere l'indipendenza e la libertà che mi sono costruita con tanta fatica"

Noi: "Capisco, anche per me la libertà è un valore importante. Non ci rinuncerei mai e non ho nessuna intenzione di farlo. Pensi che sia possibile avere una storia d'amore e al tempo stesso mantenere la propria libertà?"

PP: "Beh, non lo so"

Noi: "Ti è mai capitato di avere una storia importante e mantenere comunque i tuoi spazi e i tuoi interessi?"

PP: "No, mai"

Noi: "Mai, proprio mai? Non hai mai vissuto una storia in cui non ti hanno soffocato e imprigionato?"

PP: "Beh sì, una volta è successo"

Noi: "Allora pensi che sia possibile avere una storia d'amore e al tempo stesso mantenere la tua indipendenza, se tu lo volessi?"

PP: "Penso di sì"

Noi: "Ora, mentre ti rendi conto che dipende solo da te la volontà di mantenere i tuoi spazi, che ne dici se ci prendiamo un po' di tempo per conoscerci meglio?"

PP: "Va bene, ma ho ancora un po' paura a lasciarmi andare, non posso"

Noi: "Cosa ti impedisce di lasciarti andare completamente?

PP: "Mah... in effetti niente di particolare"

Noi: "Cosa succederebbe se ti lasciassi andare? Rischieresti di vivere delle emozioni stupende che non provi da tanto tempo? Potresti vivere una vita felice con la persona giusta per te, una persona che crede davvero in determinati valori e che ti rispetta sempre?"

PP: "Mi fai sognare... sei fantastico..."

Il metamodello ci viene dunque in aiuto per chiarire e rendere più precise le informazioni di una comunicazione: non si tratta solo di trovare nuove strategie linguistiche per sedurre una persona, ma significa scavare nella profondità dei pensieri per capire davvero cosa c'è dietro alle parole. In fondo la donna dell'esempio, attraverso le nostre parole, riesce davvero a capire lei stessa i suoi stati d'animo: forse più che il desiderio di stare sola, c'era il desiderio di non perdere la sua libertà. Ma noi gli possiamo mostrare che può avere una storia con noi e, al tempo stesso, non perdere la libertà. Cosa che può aiutarla a lasciarsi andare con noi, istantaneamente.

Quindi, durante una conversazione, è importante ed estremamente utile cogliere tutti quei fenomeni di generalizzazione, distorsione e cancellazione che ci si presentano all'ascolto. E cercare di chiarirne il significato, approfondendo il contenuto con domande specifiche. "Paura di cosa? Cosa intendi per...? In che modo nello specifico...?". Anche l'espressione "Cosa succederebbe se...?" è di fondamentale importanza perché sposta l'attenzione sulla soluzione invece che sul problema, o meglio proprio su ciò che vogliamo. "Cosa ti impedisce di...?" ci può far rendere conto che i problemi che ci poniamo spesso sono solo dei limiti inesistenti e che in realtà non esiste nessun impedimento a raggiungere ciò che più desideriamo. E se anche troviamo un ostacolo effettivo, ecco la giusta domanda: "Come puoi fare per... rimuovere questo ostacolo?", ancora una volta ci fa concentrare sulla soluzione invece che sul problema.

Facciamo un altro esempio: poniamo il caso di aver chiesto un appuntamento alla persona che ci interessa. Lei fatica a risponderci, finché alla fine lo rimanda, motivando la cosa con "E' troppo presto". E' ovvio che non dobbiamo accontentarci di questa risposta. Dobbiamo cercare di approfondirla, con toni morbidi, ovviamente, senza farla sembrare una inquisizione. Bisogna essere mossi dal sincero interesse per la comprensione dell'altro, indagando sul significato che attribuisce alla frase che ha pronunciato. Potremmo quindi chiederle: "Cosa intendi di preciso con troppo presto? Rispetto a cosa è troppo presto?". In questo modo potremo capire quali sono i parametri di riferimento su cui basa questa sua definizione della realtà. Lo stesso dicasi per espressioni come "tutti", "nessuno" che sono delle vere e proprie generalizzazioni. "Tutte gli uomini sono uguali!". E noi rispondiamo: "Proprio tutti? Tutti tutti? Non ha mai conosciuto un uomo che fosse diverso?". E così via per le altre generalizzazioni. E allora, dopo aver compreso in generale qual è lo scopo delle domande ed aver portato numerosi esempi, andiamo a vedere nel dettaglio i tre grandi gruppi in cui si differenzia il metamodello:

1) *Cancellazioni*: sono tutte quelle frasi in cui mancano degli elementi, in cui non è chiaro chi sia il soggetto o l'oggetto, in cui il verbo non ha un significato ben definito, in cui mancano termini di paragone e così via. Esistono quattro tipi di cancellazioni:

- *cancellazioni semplici*: tornando alla frase "Ho paura" è chiaro che mancano degli elementi; la domanda corretta è "Di chi o di cosa specificatamente?".

- *nome/pronome non specifico*: prendiamo come esempio la frase "Loro si stanno divertendo"; la domanda da fare è "Loro chi? Chi specificatamente si sta divertendo?", così da risalire al soggetto che è stato cancellato. Quindi tutte le volte che manca l'indice referenziale, possiamo chiedere "chi o cosa specificatamente?".

- *verbo non specifico*: nello stesso caso di prima, possiamo chiedere ulteriori specificazioni sul significato del verbo; "In che modo si stanno divertendo?" oppure "Cosa intendi per divertirsi?".

- *paragone*: una frase tipo "Questo prodotto costa troppo" non specifica il termine di paragone; la domanda giusta è "Troppo rispetto a cosa?"; oppure "io sono il migliore", porta a chiedere "Il migliore rispetto a chi? Rispetto a quali standard?".

2) *Generalizzazioni*: sono quelle espressioni che indicano che abbiamo preso un'esperienza e l'abbiamo applicata a tutti i contesti della nostra vita. Sono di quattro tipi:

- *quantificatori universali*: espressioni come "tutti, nessuno, ogni volta, sempre, mai" e così via sono le classiche generalizzazioni. La domanda corretta è "Proprio tutti? Sempre sempre? Mai mai?"; e se possibile troviamo un controesempio che possa smontarle: "Non hai mai conosciuto una persona che fosse diversa?". Ad esempio se ci dicono "Tu non fai mai nulla per me" chiediamo "Proprio mai? Non ho fatto mai nulla per te?". La domanda obbliga l'altra persona a rispondere e a smontare la sua stessa accusa. Se invece, come accade di solito, rispondiamo "Non è vero, l'altra volta ti ho portato a fare shopping", è molto probabile che segua una risposta del tipo "Ah, mi rinfacci le cose, sei proprio insensibile" e che la conversazione degeneri in una vera e propria lite.

- *operatori modali di possibilità*: se pensiamo "Io non posso diventare un buon seduttore", proviamo a chiederci "Cosa me lo impedisce?". E domandiamo la stessa cosa tutte le volte che sentiamo le espressioni "non posso, non riesco, non sono in grado": ci renderemo facilmente conto che non esistono effettivi ostacoli al raggiungimento di un obiettivo.

- *operatori modali di necessità*: se ci dicono "Io non voglio avere storie", domandiamo "Cosa succederebbe se tu avessi una storia?"; e facciamo lo stesso di fronte ai "non voglio, devo, dovrei": in questo modo infatti, focalizziamo il nostro interlocutore sulla possibilità di avere una storia insieme e gli mostriamo che non ci sono reali pericoli a lasciarsi andare.

- *presupposizione*: se ci dicono "Vuoi pagare in assegno o in contanti?" si sta presupponendo che noi abbiamo già deciso di comprare; e invece domandiamo "Cosa ti porta a credere che io voglia pagare? Chi ti dice che io voglia comprare?". Ottima difesa dai venditori che hanno studiato il modello linguistico ipnotico! In realtà siamo noi comunicatori a dove usare i presupposti per chiudere in bellezza la nostra seduzione: una frase come "allora, stasera andiamo a cena fuori o preferisci fare un giro per la città?" presuppone che il potenziale partner abbia già accettato il nostro invito.

3) *Distorsioni*: sono quelle espressioni che utilizziamo quando adattiamo la realtà alle nostre credenze, oppure quando crediamo di aver intuito qualcosa sui pensieri di qualcun altro. Sono di cinque tipi:

- *lettura del pensiero*: quando qualcuno ci dice "Lo so che ti stai innamorando di me", noi possiamo rispondergli "Come lo sai? Come fai a saperlo? Chi te lo dice?"; e così tutte le volte che sentiamo frasi del tipo "so cosa stai pensando, ti vedo nervoso, so che questa idea non ti piacerà".

- *causa/effetto*: se qualcuno ci vuole sedurre e ci dice "Se esci con me, puoi divertirti da impazzire", rispondiamo "In che modo uscire con te implica divertirsi?". La struttura di base è "x implica y", quindi la nostra domanda deve essere "In che modo x implica y?". Anche in questo caso dobbiamo essere noi ad utilizzare la causa/effetto come strategia di seduzione, come abbiamo visto all'inizio.

- *equivalenza complessa*: simile alla precedente, solo che la struttura diventa: "x uguale y". Ad esempio nel caso dell'affermazione "Stare con me significa essere felici": la domanda corretta da porre è "In che modo stare con te equivale ad essere felici?".

- *giudizio*: se una persona ci dice "Tu sei un incapace", noi semplicemente chiediamogli "E chi lo dice?"; lui ci risponderà "Io!", il che ci basta per renderlo consapevole che il suo è un semplice giudizio personale e non una verità assoluta. Una bella differenza.

- *nominalizzazione*: termini come amore, libertà, depressione sono dei nomi astratti che provengono dai rispettivi verbi; si dice che siano nominalizzazioni tutti quei termini che non possono essere messi in una carriola, ovvero che non hanno una loro concretezza. Il metamodello ci dice che dobbiamo riportare questi nomi al verbo di origine. Ad esempio se qualcuno ci dice "Ho la depressione", la domanda giusta è "In che modo ti senti depresso? Come fai a sapere che sei depresso?": la depressione sembra qualcosa che abbiamo addosso e di cui non ci possiamo liberare, il relativo verbo invece è un qualcosa di dinamico e in movimento sul quale possiamo agire.

Tutti questi naturalmente, sono solo degli esempi: non dobbiamo certo essere come un avvocato che contesta qualunque frase. Non dimentichiamoci anzi il nostro scopo: arrivare alla consapevolezza che la realtà che costruiamo attraverso il nostro linguaggio è piena di imperfezioni. Alcune ci aiutano a vivere meglio, altre ci limitano in maniera eccessiva. E il metamodello ci soccorre laddove sia necessario sbloccarsi e uscire da questi limiti, permettendoci di focalizzare la nostra attenzione sulla via d'uscita: la domanda di base dunque è "Come? In che modo? Cosa fare per?". Non dovremmo usare il *"perché"*. Questa parola infatti tende ad approfondire le motivazioni di un problema, mentre il *"come"* sposta l'attenzione verso la soluzione. Non che il "perché" non sia importante, anzi, possiamo utilizzarlo proprio per approfondire uno stato d'animo positivo. Ad esempio se il potenziale partner ci racconta quanto si trova bene con noi a parlare, possiamo chiedere "Perché ti trovi così bene a parlare con me?". Oltre ad avere preziosi indizi sui suoi bisogni e sulle sue strategie, potremo così amplificare in lui la sensazione positiva.

Se invece usiamo il "perché" in maniera errata, rischiamo davvero di andare contro tutti i nostri interessi e distruggere l'efficacia di intere ore di conversazione seduttiva. Torniamo alla situazione iniziale: il potenziale partner ci dice che ha paura di perdere la libertà e noi poco astutamente gli chiediamo "Perché?". Per risponderci, deve trovare delle motivazioni valide che non fanno altro che rafforzare il suo rifiuto: motivazioni che non per forza sono vere, ma delle quali finisce egli stesso per convincersi. A questo punto, anche solo per coerenza e per rispetto a quello che ha affermato, non può più tornare indietro, anzi può solo continuare a sostenere la sua posizione di rifiuto: in tali casi, la scelta più conveniente per riparare al nostro errore comunicativo è quella di lasciar perdere, accettare il rifiuto e rimandare ad un'altra occasione. Al limite possiamo dire qualcosa tipo: "ok, capisco le tue motivazioni... i valori che implica sono importanti anche per me. Sei una persona straordinaria, mi piacerebbe proprio capire se abbiamo in comune valori così fondamentali. Visto che stasera non puoi proprio, facciamo domani a cena. Preferisci ristorante o pizzeria?".

In questo modo, presupponendo che ci sia ancora l'intenzione di uscire insieme, forse riusciamo a recuperare il nostro errore. Errore che per altro è molto comune, in quanto sin da bambini la domanda che più siamo abituati a fare è proprio "Perché? Perché? Perché?". E' bene ribadirlo: invece di concentrarci sul problema, focalizziamoci sulla soluzione, ad esempio sfruttando domande aperte o specifiche, tipo "Come fai a capire che qualcuno ti interessa davvero?". Sono preferibili, perché lasciano campo libero al nostro potenziale partner che, nel rispondere, potrebbe addirittura rivelarci senza accorgersene la sua strategia di innamoramento. Inoltre con una domanda del genere lo obbligheremo a rivivere quelle sensazioni che prova ogni volta che è interessato a qualcuno, e quindi avremo istantaneamente accesso al suo *jukebox* mentale di emozioni e stati d'animo.

Per Approfondire: <u>Videocorso Modellamento</u>

Giorno 7: Leadership Personale

7.1 - La prima impressione

"L'apparenza inganna" dice il proverbio. Forse è davvero così, forse no, ma la prima impressione resta la prima. Gli americani sintetizzano efficacemente la questione con la frase: "Non avremo mai una seconda occasione di fare una buona prima impressione". E' proprio così: quando facciamo nuove conoscenze, quando ci presentiamo agli altri, conta moltissimo il modo in cui le persone ci schedano nei primi attimi; come ci poniamo, quello che diciamo e il modo in cui lo diciamo lasciano una certa impronta, suscitano certe sensazioni nell'interlocutore, portandolo a farsi un certo profilo di noi. A livello neurologico, il principio di coerenza ci spinge a prestare attenzione, a scartare e selezionare solo un certo tipo di informazioni: per questo tenderemo a notare ed evidenziare solo gli aspetti di una persona che tendono a confermarci la prima opinione avuta su di lei, minimizzando o ignorando del tutto le informazioni che invece proverebbero il contrario.

E' questione di *focalizzazione*: come abbiamo già detto, è più o meno la stessa cosa che ci capita quando, per esempio, dobbiamo cambiare la nostra auto; se c'è un particolare modello di automobile che ci interessa e che stiamo valutando di scegliere, tenderemo a vederla su ogni strada e ad ogni incrocio, quando fino a poco tempo prima non la notavamo neppure. Questo succede non perché sia aumentato il numero di quelle particolari automobili in circolazione, ma perché è cambiata la nostra sensibilità e la nostra attenzione nei suoi confronti: a noi sembra di vederne di più e ovunque, ma succede solo perché siamo più predisposti ad accorgerci della loro presenza, proprio perché il nostro cervello si sensibilizza su ciò che ci interessa maggiormente.

Lo stesso accade con gli altri e con le opinioni che ci facciamo su tutto ciò che ci capita e ci circonda. Piuttosto che rivedere del tutto l'ipotesi che abbiamo formulato su qualcuno e sconfessare il primo giudizio avuto su di lui, la mente umana trova emotivamente meno costoso cancellare o relativizzare alcuni dati informativi in suo possesso su quella certa persona. Questo la dice lunga su quanto sia importante, a volte critico, riuscire a dare da subito il meglio di noi stessi, senza improvvisare il momento della presentazione e dell'approccio con il potenziale partner.

La parola chiave in simili frangenti è coinvolgimento: non dobbiamo annoiare l'altro parlando solo ed esclusivamente di noi, della nostra vita, di quello che ci piace o non ci piace fare. Dobbiamo raccontare degli episodi singoli della nostra vita, legandoli e calibrandoli ai suoi interessi, così da affascinare e suscitare la sua attenzione, parlando delle nostre esperienze che sono legate ai suoi interessi e che riguardano i suoi valori: creare un rapporto empatico è una condizione fondamentale per la conquista.

Poniamo il caso di uscire una sera con gli amici, e di conoscere in un locale una persona che suscita il nostro interesse. Questa persona viene da un paese straniero, che noi conosciamo in modo superficiale per averci trascorso una breve vacanza l'estate precedente. Il comportamento inefficace sarebbe quello di raccontare tutta la nostra permanenza lì con dovizia di particolari, come se stessimo facendo un resoconto nel nostro diario, abbondando in particolari e commenti, magari anche negativi, sulle abitudini del posto e delle persone, sul nostro viaggio, su quanto ci siamo divertiti o annoiati in quei giorni.

Decisamente efficace invece un approccio comunicativo del tipo: "Davvero vivi lì? Che coincidenza, ci sono stato proprio l'estate scorsa. Sai è stata una vacanza molto breve che non mi ha permesso purtroppo di conoscere quei posti bene come avrei voluto". E proseguire così, citando in modo veloce eventi e racconti relativi in modo specifico alla nostra vacanza, senza scendere troppo nel dettaglio, bensì chiedendo l'intervento dell'interlocutore per completare le nostre lacune conoscitive. In questo modo gli avremo dimostrato apprezzamento, interesse, e lo avremo coinvolto e fatto sentire al centro dell'attenzione; contemporaneamente però gli avremo trasmesso un'idea di noi come di persone attive, curiose, mentalmente aperte.

Quindi per essere seduttori che comunicano in modo positivo ed efficace, dobbiamo parlare di noi stessi, ma senza parlare troppo di noi stessi: quello che sembra ad una prima lettura un paradosso senza senso è invece una regola fondamentale della conquista sentimentale, e purtroppo una di quelle che viene violata più spesso. La cosa che succede più di frequente infatti, è assistere a dei veri e propri monologhi da parte di inefficienti seduttori, che si risolvono in una vera e propria esaltazione a senso unico di loro stessi e delle loro virtù. Non è certo questo il modo con cui si riuscirà a conquistare l'attenzione e il favore del potenziale partner, anzi, è il modo migliore per risultare noiosi, pieni di sé e poco piacevoli. Noi piuttosto dobbiamo essere in grado di risaltare, di attirare l'attenzione, di metterci in mostra, catalizzando l'interesse dei nostri ascoltatori. In un parola dobbiamo sfoderare le nostre doti di leader.

Leader è colui che, già dalla prima impressione, riesce a distinguersi all'interno di un gruppo, riuscendo a magnetizzare gli altri e a catturarne il favore. Carisma, entusiasmo, dinamismo: queste sono alcune delle caratteristiche che lo identificano. Non sono poteri speciali, sono poteri che discendono dall'avere un forte credo in qualcosa, e dalla capacità di esprimere e trasmettere le proprie convinzioni ad esso correlate. Un leader in fondo è un appassionato che trascina gli altri con la sua passione. La sua prima abilità deve essere quella di entrare in relazione di scambio con gli altri; in secondo luogo poi, deve essere in grado di ispirare negli altri una visione condivisa; terza caratteristica è quella di rendere capaci gli altri di passare all'azione. Tutto ciò richiede di saper agire in modo autonomo, attuando iniziative proprie, con coraggio ed autonomia, sfidando gli eventi e le situazioni, se necessario.

7.2 - Autonomia e distacco

La seduzione è un gioco fatto di regole, di manovre di avvicinamento e di allontanamento, un'altalena continua tra lo stare al centro dell'attenzione mettendosi in mostra e il rimanere in disparte: un'alternanza di momenti in cui ci si mette in evidenza e momenti in cui si fugge, quando ci si allontana per aumentare il desiderio e farsi inseguire. Le strategie con cui dobbiamo metterci in mostra perciò saranno tanto più efficaci quanto più sottili e velate: non dobbiamo essere plateali, sfacciati nelle nostre manovre, ma defilati e discreti. Come protagonisti dell'arte della seduzione, quindi, dobbiamo avere un atteggiamento di forte distacco, dovuto non al nostro disinteresse per l'eventuale partner, ma alla nostra capacità di andare avanti per la nostra strada, camminando sulle nostre gambe e contando su noi stessi. Un atteggiamento che dimostra come un'eventuale relazione d'amore sia qualcosa che vogliamo iniziare per *scelta* e non per bisogno o per incapacità di stare soli.

Proviamo a pensarci, non sono forse proprio le persone che dimostrano quasi indifferenza ad attrarci maggiormente? Persone indipendenti, autonome, che perseguono con determinazione una loro ambizione, indifferenti ai commenti e alle critiche, senza dipendere emotivamente dalle scelte del partner e degli amici, o dalla loro approvazione. Persone che sanno coinvolgerci con il loro entusiasmo, che non indugiano nel fare delle scelte, nel promuovere iniziative e nel prendere decisioni, anche le più banali come decidere in che locale trascorrere la serata. Quanto più saremo importanti e identificabili come leader all'interno di un gruppo di conoscenti ed amici e nella società più in generale, tanto più rappresenteremo un punto di riferimento e saremo una presenza sempre più insostituibile nella vita delle persone.

Al contrario, imporre se stessi non serve che ad allontanare gli altri soffocandoli; andare per la propria strada, valorizzando la nostra vita, i nostri interessi e la nostra personalità ci rende invece degli esempi da seguire. Attenzione però: questa spavalderia, qualità necessaria più spesso di quanto non ci creda, non deve tradursi in menefreghismo e ignoranza. Dobbiamo sempre affiancarla al rispetto per l'altro, alla sensibilità verso le sue esigenze e alla sua valorizzazione come individuo, a prescindere dall'esito positivo o meno delle nostre strategie seduttive.

Il confine tra essere un partner troppo buono ed essere il seduttore distaccato e senza cuore è decisamente sottile. Nel primo caso il rapporto di comprensione, sincerità e fiducia che si instaura tra i due attori del palcoscenico della seduzione tende ad assumere i contorni dell'amicizia, del rapporto dato per scontato e quasi troppo perfetto per poter essere trasformato in una relazione d'amore. Nel secondo caso invece l'ago della bilancia risulta troppo sbilanciato verso la mancanza di coinvolgimento emotivo nei confronti del potenziale partner. E' la situazione descritta nella intramontabile "Teorema", celebre canzone del cantautore Marco Ferradini, innalzata a comandamento delle storie d'amore: "Dalle il meglio del meglio che hai, sii sempre presente... e stai sicuro che ti lascerà". "Trattala male, fa sentire che è poco importante... e stai sicuro che ti amerà". In effetti fin troppe volte abbiamo assistito a questa rincorsa: chi ama non viene ricambiato, e gli si preferisce qualcuno che invece dimostra quasi disinteresse.

Il comportamento più corretto, ma soprattutto più efficace da un punto di vista seduttivo, sta nel riuscire a gestire in modo equilibrato questi due lati della medaglia: "Dosa bene amore e crudeltà", questa è la chiave di volta. Il seduttore perfetto sa creare sintonia e gestire un rapporto profondo, creando così dipendenza emotiva con l'altro, facendosi apprezzare a tal punto per le sue capacità di ascolto da diventare indispensabile ed insostituibile. Ma sa anche aggiungere un pizzico di freddezza e noncuranza al momento giusto.

Bisogna sapersi allontanare, mostrando sicurezza e capacità di condurre la propria vita senza bisogno del partner, proprio nel momento in cui l'emotività è ad un livello di intensità molto elevato. Privando il partner delle nostre attenzioni, della nostra presenza, faremo in modo che non le dia per scontate e non le viva come sottintese. E gli faremo sentire la nostra mancanza: in questo modo sarà molto più probabile che si scopra innamorata di noi nel giro di poco tempo. Il distacco da solo, come anche la disponibilità in sé per sé, non sono sufficienti per un esito positivo delle nostre strategie seduttive. L'amore deve accompagnarsi ad una piccola dose di disinteresse, sempre affiancata tuttavia dall'apprezzamento e dal rispetto per l'altro.

Il punto sta nello stabilire chiaramente e con un po' di intransigenza alcune regole di comportamento che il potenziale partner deve accettare e rispettare: osservandole riceverà il meglio di noi e la soddisfazione delle sue esigenze emotive; violandole con il mancarci di rispetto o con lo sminuire i nostri sentimenti, perderà la nostra presenza nella sua vita. Il messaggio da trasmettere è che per quanto lui sia importante per noi, per quanto lo apprezziamo, la nostra vita andrà comunque avanti verso i nostri obiettivi.

7.3 - Obiettivi chiari

La regola base per essere ottimi leader è sicuramente avere un progetto di vita che possa comunicare sicurezza: è essenziale delineare i nostri obiettivi in modo chiaro e definito, da inseguire e realizzare, per vivere da protagonisti senza lasciarsi trasportare passivamente dagli eventi e dal tempo che scorre. Non c'è sicurezza e soddisfazione maggiore verso noi stessi di quella derivante dal raggiungere un traguardo che ci eravamo prefissati.

E' importante che gli obiettivi siano formulati in modo positivo: una meta definita in negativo non è una vera meta. "Non voglio fare questo lavoro" non esprime un progetto preciso, ma solo un allontanamento da qualcosa. "Sarò un pilota" invece è la modalità più esatta, meglio ancora se poi viene formulata utilizzando il tempo presente: "sono un pilota", così da renderlo un obiettivo ancora più vicino.

Anche per gli obiettivi vale la distinzione, già riportata nel caso dei valori, tra quelli di tipo finale e quelli di tipo strumentale. Prendiamo il caso di un individuo che identifichi uno scopo della sua vita affermando "Voglio un lavoro più redditizio": in realtà in questo caso un impiego maggiormente remunerativo potrebbe essere solo uno strumento grazie al quale conseguire risultati diversi e più elevati, come magari comprare una casa più grande. Ciò su cui quell'individuo deve focalizzare la sua attenzione e le sue energie non è perciò il primo, che è solo un mezzo, bensì il secondo, l'obiettivo finale: "Voglio avere una nuova casa". Solo questo tipo di obiettivi, infatti, rappresentano i nostri veri e più profondi desideri, che bramiamo con tutta la passione e l'energia di cui siamo capaci, vissuti con il cuore e caricati di emozioni.

Il primo requisito da non sottovalutare assolutamente è quello della coerenza con il nostro sistema di valori e possibilità: un obiettivo non deve mai eludere la rete dei nostri riferimenti interni, tanto meno interferire con la nostra salute fisica e mentale. In entrambi i casi o non lo raggiungeremo affatto, oppure lo raggiungeremo senza però riuscire a mantenerlo; e comunque non saremo soddisfatti né tanto meno felici. Piuttosto dobbiamo pensare ad una sorta di tabella di marcia, che lo renda raggiungibile in tempi determinati. Questo vuol dire che l'obiettivo deve possedere il requisito della misurabilità, così da poter sempre quantificare quanto ci stiamo avvicinando alla nostra meta e soprattutto in modo da renderci conto di quando l'abbiamo effettivamente raggiunta: per un venditore questo potrebbe significare un certo fatturato o un certo numero di prodotti venduti; per un seduttore potrebbe essere il fatto di ottenere un appuntamento dal potenziale partner.

Anche la motivazione che è dietro ad un obiettivo è molto importante: proviamo dunque ad aumentarla attraverso un semplice *esercizio*. Immaginiamo la nostra vita come una linea che dal passato va verso il futuro, attraversando il presente: come abbiamo già fatto in precedenza, posizioniamo lungo questa "linea del tempo" tutti gli eventi della nostra vita; pensiamo di collocarci su di essa all'altezza del punto in cui riteniamo opportuno raggiungere l'obiettivo che abbiamo formulato, tra un mese o tra un anno o tra dieci. Immaginiamo di trasportarci in quel punto, quando cioè avremo conseguito l'obiettivo che ci eravamo prefissati, e non fare altro che vivere quello che vivremo quando ciò avverrà. Come possiamo capire di averlo raggiunto? Cosa sentiamo? Quali sensazioni? Cosa possiamo vedere? Che suoni possiamo ascoltare? Rispondiamo a queste domande, così da rendere ancora più chiaro il nostro obiettivo.

Le persone che ci sono vicine, come fanno a capire che abbiamo raggiunto quell'obiettivo? Cosa vedono? Cosa ci dicono? Che sensazioni ci fanno provare? In che modo manifestano il loro apprezzamento nei nostri confronti? Dobbiamo vivere la scena con l'immaginazione, entrando in essa e godendone con tutti e cinque i sensi. Prima assumiamo la posizione percettiva interna a noi, poi cambiamo ottica e poniamoci da un punto di vista esterno, per avere una visione ancor più motivante.

Ora non resta che spostare lo sguardo indietro, da quel punto futuro verso il presente, e lentamente, come se riavvolgessimo la pellicola di un film, ripercorrere al contrario tutti gli eventi intermedi, dal momento in cui abbiamo conseguito l'obiettivo a quello in cui abbiamo mosso il primo passo nella sua direzione. Seguendo questo procedimento, torneremo al presente più carichi di motivazione e determinati: la procedura di visualizzazione appena descritta, infatti, permette al nostro cervello di *focalizzarsi* in modo automatico verso quell'obiettivo, perché viene sensibilizzato nei confronti di tutti i passi, gli atteggiamenti e i comportamenti che si trovano lungo la strada del successo. In questo modo restiamo sempre orientati verso le nostre mete e ci assumiamo in senso pieno la responsabilità del nostro cammino verso la meta, dal primo all'ultimo passo.

Riepilogando i passi visti finora, un obiettivo ben formulato deva avere le seguenti caratteristiche, che gli americani hanno sintetizzato nell'acronimo "pepsi":

- *Positivo*: formulato in maniera positiva, senza utilizzare negazioni, così da dare una direzione ben chiara alla nostra mente.

- *Emozionale*: deve coinvolgere le nostre emozioni, il nostro cuore, perché la razionalità non basta per prendere decisioni importanti.

- *Presente*: lo dobbiamo sentire adesso, altrimenti rischiamo di rimandarlo a vita e di sentirlo solo in un futuro che non arriva mai.

- *Sensoriale*: deve coinvolgere i nostri sensi, la vista, l'udito, le sensazioni esterne ed interne.

- *Immaginativo*: dobbiamo visualizzarlo nella nostra mente, così da focalizzarci su di esso e raggiungerlo in tempi brevi.

E poi un obiettivo deve essere "smart":

- *Specifico*: breve, conciso, chiaro, semplice da scrivere e da ricordare.

- *Misurabile*: tale da avere dei dati chiari che ci dicono che lo abbiamo raggiunto.

- *Accettabile*: conforme ai nostri valori etici e morali, che non vada contro di essi, altrimenti rischiamo un autosabotaggio interno che non ci permetterà mai di raggiungerlo.

- *Raggiungibile*: che non sia al di sopra delle nostra possibilità, ce la dobbiamo poter fare nel rispetto di noi stessi e dei nostri valori.

- *Temporale*: basato su una data di scadenza; dobbiamo essere in grado di definire un arco di tempo entro il quale raggiungerlo.

Infine dobbiamo tener conto di tre caratteristiche fondamentali, con l'acronimo "pre":

- *Primo passo*: dobbiamo fissare immediatamente il primo passo, la prima azione che metteremo in atto per avvicinarci al nostro traguardo.

- *Responsabilità*: dobbiamo poterci assumere la piena responsabilità, consapevoli che siamo gli unici a poter determinare il nostro successo; e dobbiamo quindi verificare che l'obiettivo dipenda esclusivamente dal nostro impegno e non da altre persone.

- *Ecologia*: non nel tradizionale significato di rispetto dell'ambiente, bensì inteso come rispetto di se stessi, del proprio fisico e della propria salute; non dobbiamo permettere che per raggiungere la meta mettiamo a rischio la nostra salute.

Rispettiamo queste caratteristiche di formulazione e presto ci renderemo conto di quanto sia facile realizzare i nostri sogni e i nostri obiettivi. E spesso ci troveremo anche a raggiungerli molto prima della data che abbiamo fissato, proprio perché il nostro cervello focalizzerà la sua attenzione su tutte quelle opportunità che ci portano al successo in tempi brevi.

7.4 - Affrontare le critiche

Leadership vuol dire anche reagire con intelligenza e flessibilità alle critiche, accogliendole non come un affronto personale o un tentativo di essere sminuiti, bensì come un parere prezioso ed un'opportunità di crescita. Ricevere una critica non è mai piacevole, è vero; l'accettazione e la comprensione da parte degli altri è uno dei bisogni umani più forti. Eppure ognuno di noi ne riceve e ne continuerà a ricevere, ogni giorno ed in ogni contesto: sono la prova che esistono diversi punti di vista e modi di vedere il mondo, non il segno che non valiamo come persone, reazione che denoterebbe soltanto una scarsa autostima e sicurezza di sé. Prendiamo il caso di una certa osservazione rivoltaci da qualcuno: possiamo interpretarla come critica proveniente da un nemico; oppure come consiglio fatto da un amico. Oppure, ancora, consideriamola come un parere professionale datoci da un consulente, magari dietro il corrispettivo di una profumata parcella. Il nostro modo di reagire cambia decisamente.

Il punto da tenere ben presente è l'oggetto della critica. Essa non è mai rivolta a noi in quanto persone, ma ad un nostro comportamento non del tutto corretto o poco gradevole che andrebbe cambiato. Modificare un proprio comportamento è una dote estremamente positiva, perché significa sapersi sempre mettere in gioco, non rinchiudersi dentro un'identità troppo rigida, crescendo sempre e migliorando ogni giorno. D'altra parte è molto importante anche il modo in cui noi stessi proponiamo agli altri i nostri giudizi su di loro: dobbiamo esprimerli con gentilezza e serenità, rispettando le idee altrui ma senza lasciarsene sopraffare, e facendo valere il nostro punto di vista, anche con fermezza se necessario. Essere sempre accondiscendenti con la persona che vogliamo conquistare è una strategia che non porta molto lontano; non dobbiamo avere timore di farle notare le nostre perplessità, anzi dobbiamo instaurare con lei un clima tale da rendere il confronto e lo scambio un'opportunità di crescita reciproca, rafforzando così ulteriormente il nostro legame.

Prendiamo il caso più eclatante di questa situazione, il litigio: in fondo litigare non è altro che la degenerazione di una critica, che viene usata nel modo più deleterio. Certo, non è un momento piacevole, soprattutto quanto più ci si dimentica del rispetto reciproco: e se non lo è all'interno di una storia consolidata, figuriamoci durante la fase del corteggiamento. Ma finiremo con il farci i conti prima o poi, perciò è importante renderlo un momento utile al rapporto con il potenziale partner: dobbiamo essere in grado di metabolizzarlo in modo positivo, traendo da esso gli insegnamenti positivi che pure include. Le parole chiave anche in questo caso sono autostima, rispetto, comprensione dell'altro.

Autostima nel senso che non dobbiamo sentirci attaccati e reagire di conseguenza in modo aggressivo, come se fossimo in pericolo. Rispetto e comprensione nel senso dell'utilizzare sempre le strategie di osservazione attiva: cerchiamo sempre di guardare le cose dal punto di vista dell'altro, di capire lo stato d'animo dell'altra persona. Questo ci aiuterà a non perdere tempo con il giustificarci, ma a spostare l'attenzione su di lui, facendolo sentire compreso, facendolo sfogare senza però arrabbiarsi. Un litigio dunque può rivelarsi un'ottima opportunità per imparare tante informazioni sul potenziale partner, sul suo carattere e sui suoi modi di reagire: quanto più impariamo su di lui, tanto più saremo in grado di indovinare la strategia seduttiva più efficace per la sua conquista.

Essere leader significa anche sapere come e in che modo è più opportuno chiedere *scusa*. E' vero, è forse una delle azioni più complicate da fare, vuoi per la difficoltà di ammettere di aver commesso un errore, vuoi per il freno impostoci dal nostro orgoglio. Eppure chiedere scusa è un arte, e come tutte le arti può essere appresa: la regola fondamentale è di non sminuire l'altro. Non dobbiamo minimizzare il suo dispiacere, utilizzando espressioni del tipo "E che sarà mai. In fondo ciò che ho fatto non è così grave". Si tratta piuttosto di capire lo stato emotivo di chi è arrabbiato nei nostri confronti, a causa di un nostro errore: ovvero di ricalcarne lo stato d'animo, in modo da guidarlo poi verso il perdono. E' meglio riconoscere subito il proprio errore, anticipando la rabbia dell'altro con un sincero "Mi dispiace, ho sbagliato...". Ammettiamo l'errore, chiarendo con esattezza in cosa abbiamo sbagliato: assumiamoci la *responsabilità* di quello che abbiamo detto o fatto. Riconosciamo i sentimenti che abbiamo provato in seguito al nostro errore, e parliamone senza vergogna: utilizziamo l'espressione "io ho provato questo..." e non "tu mi hai fatto provare questo...", in quanto noi siamo gli unici responsabili delle nostre emozioni. E soprattutto siamo sinceri con noi stessi: mettiamo da parte il nostro orgoglio, concediamoci un po' di umiltà e comportiamoci in maniera degna e matura. In questo modo riusciremo davvero a trasmettere il nostro dispiacere e il sincero impegno a cambiare un atteggiamento sbagliato, passo essenziale per delle scuse efficaci. Infine guidiamo l'altro verso il perdono: "E come sai ti stimo molto, ci tengo che il nostro rapporto sia sereno, e so che saprai accettare le mie scuse...". Di fronte a questa ammissione è molto difficile che l'interlocutore mantenga la sua carica negativa. Molto più probabilmente si rasserenerà e si addolcirà: il perdono è assicurato.

7.5 - Vivere con imprevedibilità

Nella leadership spesso anche il silenzio può essere una strategia veramente ottima: quanto può differenziarci un approccio del genere rispetto all'attacco diretto degli altri seduttori? Oltretutto crea un alone di mistero intorno a noi, nei confronti della nostra presenza: rimanendo in silenzio, senza rendere subito esplicite e raccontare molte cose, lasciamo una grande possibilità all'altra persona, la possibilità di immaginare; e di completare il quadro con dei contenuti che lei stessa decide. Senza contare che così facendo rimarrà una salutare dose di dubbio e confusione, utile a renderla consapevole del suo interesse per noi. Perciò, non riveliamo subito tutti i nostri pensieri, non raccontiamo subito la nostra storia: circondarci di un po' di mistero non potrà che avvicinarci alla conquista della persona che ci interessa. E una volta conquistata avremo tutto il tempo per condividere sentimenti ed emozioni, per raccontare tutto di noi e sapere tutto di lei.

Allo stesso modo, anche la dimostrazione di un'eccessiva disponibilità può risultare controproducente: essere gentili e saper ascoltare sono ottime doti, ma vanno gestite con oculatezza. Altrimenti risulteremo una presenza eccessivamente gentile e sempre disponibile, che sarà difficile riuscire a vedere come un partner: dobbiamo sempre dare l'impressione di avere comunque un limite, di dosare coscientemente la nostra gentilezza; di farlo solo per quella persona, per quella specifica situazione.

Un altro sentimento da tenere attentamente sotto controllo è la gelosia. Se dobbiamo noi per primi mostrarci autonomi, allo stesso modo dobbiamo lasciare che l'altra persona viva in modo indipendente da noi. Altri amici e compagnie, persino gli ex partner: non dobbiamo impedirle di vedere nessuno, né dobbiamo sentirci in pericolo per le altre persone che frequenta e conosce. Questo perché dobbiamo considerare il presupposto che noi siamo unici, che abbiamo delle doti che nessun altro possiede e può offrire. Il sentimento vincente è quello di non mettere in discussione la nostra autostima, di non farla dipendere dalla presenza del partner al nostro fianco. La nostra vita andrà avanti sia con che senza di lui.

Accanto alla gelosia dobbiamo sempre soppesare il termine impegno: è una parola che suscita un po' di paura, nella maggior parte delle persone. Si identifica con lo stare chiusi in trappola, con il non avere via d'uscita: è bene evitarla, altrimenti è molto probabile che faremo venir voglia all'altro di scappare. In questo senso è fondamentale non forzare la mano e i tempi: la fase iniziale di un rapporto è quella più delicata, bisogna essere accorti a non spingere troppo sull'acceleratore. Come il fuoco all'inizio ha bisogno di non essere soffocato, altrimenti smetterà di ardere e si spegnerà, allo stesso modo una storia tra due persone deve essere lasciata ai suoi ritmi. E quanto più in sordina si parte, tanto meglio sarà: è inutile, anzi dannoso, insistere da subito chiedendo le conferme, soprattutto verbali. Non bisogna assolutamente pianificare ogni mossa, ogni uscita a tavolino: gli impegni, il trascorrere il tempo insieme, verranno da soli.

Da parte nostra dobbiamo solo dimostrare i nostri sentimenti, con semplicità ed entusiasmo. In modo quasi unidirezionale, indipendentemente dal riscontro che l'altra persona ci darà, almeno all'inizio: trasformiamo le nostre emozioni in gesti e dimostrazioni concrete, non rimaniamo fermi al livello verbale. Tanto meno chiediamo conferme di questo tipo: chi non ricorda il tormentone "Mi ami, ma quanto mi ami? Mi pensi, ma quanto mi pensi?" di un noto spot pubblicitario? Una conversazione tra due fidanzati: lei incalzante e noiosa, un vero incubo. Concretezza, fatti: viviamo il presente, non abbiamone paura, preferendogli un ipotetico futuro. Viviamo una storia giorno per giorno, passo dopo passo: assolutamente mai dobbiamo minacciare la libertà della persona che ci interessa; mai limitarla, impedirle di fare delle cose o di vedere alcune persone. Questo non vuol dire arrendersi allo stato delle cose: è bene non accontentarsi mai nella vita, a maggior ragione nell'ambito affettivo. Se le cose non vanno per il meglio, non dobbiamo stressare troppo il nostro partner con discussioni, liti, imperativi. Proviamo a lasciarlo più solo, per farlo riflettere sulla nostra presenza; priviamolo per un po' delle nostre attenzioni, della nostra vicinanza. Ancora una volta, meglio allontanarsi: la passione si alimenta con la distanza. Se c'è passione, non potrà che aumentare: senza averci accanto potrà rendersi conto di quanto gli siamo necessari, di quanto gli manchiamo. E capirà che se non vuole perderci dovrà impegnarsi di più, e cambiare ciò che non funziona nel rapporto.

Ancora meglio se tutto questo viene sempre accompagnato da un atteggiamento di imprevedibilità e passionalità. Tutto ciò che facciamo deve essere contornato di energia, sicurezza, passione: dobbiamo sorridere spesso, essere sempre solari, allegri. Coinvolgiamo l'altra persona in quanti più progetti divertenti, ambiziosi al limite; cerchiamo di dedicarle spesso attenzioni anche piccole. Quando meno se lo aspetta facciamole delle sorprese, piccoli pensieri o trovate semplici, che però spezzino la routine della quotidianità. Anche solo scegliendo nuovi posti e locali: a cena fuori, in gita al mare o in montagna, in visita a posti particolari. Non scadiamo nella noia, nella vita piatta e nella quotidianità.

L'innamoramento nasce dalle emozioni, dal dinamismo, non dalla routine. Dobbiamo fare attenzione affinché poco o nulla diventi scontato, tanto meno i nostri sentimenti: un complimento genuino e sincero; bandire la banalità; trovare sempre nel partner qualcosa di unico e speciale. I gesti che possiamo fare sono molti, dobbiamo solo sbrigliare la nostra fantasia: manteniamo viva la complicità che abbiamo creato con la persona che ci interessa, cerchiamo di trascorrere momenti da soli con lei, per conoscersi sempre meglio. Rimaniamo in equilibrio tra l'aprirci, mostrando il nostro interesse per primi senza avere paura, e il non confidarci troppo. Autonomia e distacco sono valori fondamentali, sono il sale della conquista.

7.6 - Presenza

Riuscire a capire chi siamo e decidere dove vogliamo andare sono dunque i presupposti fondamentali della realizzazione personale e del successo in ambito seduttivo. Pensiamo per un attimo alle persone che hanno carisma. Cosa le contraddistingue? Proprio il fatto di essere coerenti e congruenti con loro stessi, trasmettendo sempre messaggi chiari ed univoci agli altri. Una *visione* chiara e definita, che viene trasmessa non tanto attraverso le parole, ma mediante i fatti: vivere in sintonia e coerenza con i propri valori personali.

Immaginiamo per un attimo una scultura e pensiamo che all'interno della lastra di marmo sia racchiusa la nostra vita. Come vogliamo procedere, vogliamo forse scolpirla a caso? O piuttosto dobbiamo già prevedere in quella lastra la nostra scultura finita, limitandoci così a rimuovere soltanto il marmo in eccedenza, lasciando che la nostra vita si concretizzi così come l'abbiamo immaginata? Se stabiliamo con precisione le nostre mete infatti, riusciremo a non sprecare alcuna energia, evitando di direzionarle su falsi obiettivi, o di pensare ai problemi del passato e alle angosce del futuro.

Vivere il presente, concentrandoci sull'istante che stiamo vivendo, sul *"qui e ora"* è di sicuro la scelta di vita migliore. Non è facile, certo, soprattutto all'inizio. Immaginiamo per un attimo cosa succederebbe se riuscissimo a vivere davvero solo l'istante. Non smetteremmo forse di essere angosciati, di avere paura o di soffrire per quanto avevamo prima o non abbiamo ottenuto in certe circostanze del passato? Passiamo la vita con il timore che qualcosa possa andare storto o che i nostri sogni possano non realizzarsi. E se smettessimo di avere paura? Quante delle nostre preoccupazioni si avverano realmente? E allora questo non è forse del tempo trascorso inutilmente?

Una storia molto interessante che si raccontava un po' di tempo fa diceva questo: "Se una banca ti accreditasse 86.400 euro e tu avessi soltanto un giorno per spendere tutti i soldi, cosa ci faresti? Ricordati che alla fine della giornata il tuo conto è di nuovo a zero, o li spendi o li perdi. Cosa ci faresti? Cercheresti di spenderli al meglio, giusto? Ebbene, ognuno di noi possiede un conto in questa banca. Questo conto si chiama Tempo. Ognuno di noi ha ogni giorno 86.400 secondi da spendere. Nessuno di questi secondi potrà mai tornare indietro ed essere vissuto nuovamente. Non esistono accrediti sul deposito di domani, devi vivere nel presente con il deposito di oggi. Investi al meglio il tuo tempo per ottenere successo, salute e felicità. L'orologio continua il suo cammino: ottieni il massimo da ogni giorno. Non permettere che nessun secondo vada sprecato in dolore, sofferenze, paure, ricordi dolorosi. Fermati a chiedere qual è il modo migliore per passare questo preciso istante. Essere presenti, qui e ora, per vivere con gioia e serenità!".

Attenzione, vivere il presente non vuol dire che dobbiamo interrompere i nostri progetti sul futuro, smettendo di darci obiettivi concreti o impedendoci di sperare ancora nei nostri sogni, anzi. Semplicemente è meglio lasciarsi andare, far scorrere via le ansie e mantenere la serenità e la positività: con uno spirito sereno ed allegro sarà molto più facile raggiungere i nostri obiettivi.

Vivere il presente non vuol dire neanche perdere il nostro calore umano, le nostre emozioni, i nostri sentimenti: significa semplicemente non alimentare le costruzioni mentali che ci creano sofferenza. Immaginiamo un evento negativo: purtroppo prima o poi capitano a tutti, ne avremo sicuramente uno che ci ha amareggiato, fatto soffrire. Riviviamolo per un istante, in modo tale che l'evento faccia comunque parte del nostro bagaglio di esperienze e ci lasci un *insegnamento* duraturo. Ma smettiamo di angosciarci per tutto il tempo successivo, sia esso qualche ora o giorni interi. Se continuiamo a ripensare ad un evento triste, proseguendo a soffrire per esso come se fosse tuttora vivo nel presente, questo non ci aiuterà a diminuire la sofferenza o a modificare l'evento. Come sappiamo, il cervello non distingue tra la realtà e un evento ben immaginato: rischiamo dunque di soffrire tutte le volte come se fosse la prima volta, con lo stesso grado di intensità. Allora l'unica cosa che possiamo fare è fermarci, dire "stop". Pensare "ok, è successo, ho sofferto. Ora basta. Ora sono nell'istante successivo, posso smettere di soffrirne. Mi trovo in questa situazione, la vita ha scelto per me. Ma adesso sono io che scelgo. *Scelgo* di stare bene". E vivere l'istante successivo con maggiore serenità, con la consapevolezza che nulla può cambiare il passato.

Ogni giorno impegniamoci a vivere correttamente l'istante presente. Iniziamo con l'osservarci attentamente nei nostri processi mentali, di tipo intellettivo, emotivo e fisico. Cominciamo subito: osserviamo la nostra posizione, sentiamo le nostre sensazioni, guardiamo con i nostri occhi tutto quello che ci capita, senza interpretare. Tutto è importante, non esistono oggetti o situazioni di minore o maggiore valore. Siamo vigili anche su tutti i nostri pensieri, sui nostri processi mentali. Ascoltiamo il nostro dialogo interno e interrompiamolo non appena ci rendiamo conto che sta tentando di interpretare ciò che osserviamo: purtroppo viviamo in una realtà fatta di schemi e strutture interpretative che la cultura e la società ci hanno imposto sin da bambini. E' come se ci fossimo addormentati, dando ascolto a quelle convinzioni.

Il primo passo per uscire da questo vero e proprio *sonno spirituale* è quello di acquisire consapevolezza di noi stessi, di quello che facciamo, di quante volte e come rispondiamo in maniera automatica a quello che ci accade. Vogliamo forse essere come delle macchine, che rispondono automaticamente e in modo schematico agli eventi? Sicuramente no. Per questo è necessario riprendere al più presto il controllo di noi stessi. Cominciamo in questo modo, attraverso un semplice esercizio di presenza, concentrandoci a turno sui vari sensi.

- Modalità *Visiva*: guardiamo con attenzione tutta la realtà circostante. Allarghiamo al massimo lo sguardo, anche oltre i centottanta gradi, sfocando leggermente la vista e lasciando che gli stimoli visivi colpiscano i nostri occhi. Limitiamoci ad osservare, senza interpretare. Lasciamo che gli oggetti che abbiamo di fronte siano solo un insieme di forme e colori, senza dargli un nome. Osserviamo e basta.

- Modalità *Auditiva*: ripetiamo la stessa pratica con il sistema uditivo, ascoltando tutti i suoni che ci arrivano alle orecchie. Ancora una volta non dobbiamo interpretarli, bensì lasciare che il suono, di una sirena per esempio, sia soltanto un suono come tanti.

- Modalità *Cinestesica*: sentiamo ora le sensazioni del nostro piede destro. Concentriamoci su di esse, anche sul più piccolo dei cambiamenti, sulla temperatura, sul formicolio. Poi procediamo salendo lungo la gamba, quindi nel lato sinistro e così via lungo tutto il corpo. Sentiamo le sensazioni, ma senza interpretarle. Lasciamo che un piccolo dolore o anche solo un po' di prurito siano solo un trasferimento di impulsi elettrici del nostro sistema nervoso.

Questo semplice ma intenso esercizio ci consente di stimolare la nostra concentrazione, ci mette in grado di ricordarci di noi stessi in ogni istante. E' fondamentale capire che la realtà che viviamo è solo una simulazione del mondo e non la realtà oggettiva, in quanto è filtrata dal nostro sistema nervoso; una serie di impulsi visivi, uditivi, sensoriali arrivano mediante i nostri sensi al nostro cervello in forma di impulsi elettrici; questi impulsi vengono poi interpretati in base alle nostre credenze, ai nostri riferimenti, alla nostra identità. Quando pratichiamo questo esercizio quindi, noi ci riportiamo ad un livello più alto di coscienza: un livello superiore che ci riporta alla nostra *essenza*, quella essenza che nel corso degli anni viene distorta dall'ambiente in cui viviamo, dalla cultura in cui cresciamo, dalle persone che frequentiamo. E' un esercizio che ci fornisce un alto grado di consapevolezza su noi stessi e sul mondo che ci circonda, e che ci permette quindi di trovare e affermare tutto il nostro potere personale, vero fondamento del nostro fascino seduttivo.

Per Approfondire: <u>Videocorso Leadership</u>

Giorno 8: Atteggiamento Mentale

8.1 - La sfida più grande

Da ottimi seduttori c'è una persona che dobbiamo saper amare prima di poterne conquistare qualunque altra: quella persona siamo noi stessi. Non potremmo mai conquistare alcun partner, senza piacerci, senza credere in noi, senza una buona dose di autostima: l'autostima è la nostra personale convinzione su quello che siamo, sulla nostra identità, sulle nostre doti e virtù e sui nostri limiti; insomma è la misura di quanto ognuno di noi pensa di valere. *Mettersi in gioco*, questa è la sfida più grande: dobbiamo cominciare subito ad accettarci per quello che siamo, a tirare fuori le doti e i talenti che ci rendono unici, ad attribuirci un valore molto alto; e imparare a ridere dei nostri piccoli grandi difetti con autoironia e divertimento. Un atteggiamento divertito e vivace: l'unico in grado di farci vincere la sfida con noi stessi e con il potenziale partner. Le sole tecniche ipnotiche non sempre garantiscono una seduzione immediata, tuttavia favoriscono la costruzione di un rapporto di sintonia: lo costruiscono attraverso l'utilizzo di determinate parole ed espressioni che penetrano direttamente nell'inconscio, soprattutto se associate ad un atteggiamento mentale basato su divertimento, giocosità, determinazione. Se manca questo atteggiamento le tecniche ipnotiche ci possono guidare a ritrovarlo: ci danno quella sicurezza, quella sensazione di controllo comunicativo che ci permette di essere sempre a nostro agio: di conseguenza possiamo iniziare a divertirci davvero e verificare quanto le tecniche stesse siano potenti a livello seduttivo. In pratica si tratta di un "circolo virtuoso": le tecniche ci aiutano ad avere un atteggiamento più aperto e divertito, e l'atteggiamento giusto ci consente di sfoggiare le nostre tecniche linguistiche con maggior sicurezza e autorevolezza.

Un atteggiamento mentale adeguato è necessario anche nei confronti di se stessi: basta con le critiche, basta di pensare che non siamo ottimi seduttori, basta con l'avere paura di corteggiare una persona. Spesso comportarsi così come ci sentiamo di essere è un segno di grande sicurezza e maturità, ed è uno degli atteggiamenti più affascinanti che esistono: si crea un'immagine di noi molto forte, di persone determinate, sicure, audaci e spontanee. Quasi sempre questo viene apprezzato da chi vogliamo conquistare, proprio perché ci rende unici ai suoi occhi e diversi dalle decine di corteggiatori che si relazionano tutti allo stesso modo. Ancora meglio se sappiamo anticipare le critiche degli altri: ad esempio prima che qualcuno si accorga del nostro grande naso, diciamo "e poi con un naso come il mio, si capisce subito che sono una persona determinata!" così avremo dato un significato divertente al nostro difetto. Fare ironia su noi stessi, potrebbe anche renderci particolarmente simpatici. E se poi non vogliamo essere criticati per la nostra gelosia, anticipiamo dicendo "sai, io sono una persona abbastanza gelosa perché ci tengo molto che l'amore sia un rapporto esclusivo. Tu sei gelosa?". A questo punto l'altra non potrà certo criticare la gelosia, in quanto l'abbiamo legata ad un valore importante come l'esclusività in amore. In pratica se affermasse di non essere gelosa, sarebbe come se dicesse che per lei un rapporto non deve essere esclusivo: ovvero lascerebbe pensare di essere una persona facile e portata al tradimento.

In questo modo possiamo muoverci nel mondo con forza, determinazione e coraggio: questo è il giusto atteggiamento mentale da cui partire e a cui arrivare. Integriamo in esso le strategie e le abilità che abbiamo appreso finora, provandole e verificandole su noi stessi e su tutte le persone con cui ci relazioniamo. Integriamo ciò che funziona e rivediamo ciò che non funziona: non dobbiamo prendere per oro colato tutto ciò che abbiamo visto, in quanto la fase più importante è quella dell'azione e della pratica. Con un sano ottimismo e tanto entusiasmo, possiamo buttarci nel mondo e ottenere tutto quello che vogliamo: se proviamo le tecniche e le personalizziamo sulla base delle nostre esperienze, possiamo raggiungere dei risultati davvero eccezionali, nella seduzione come in qualsiasi altro campo della vita.

Impariamo a distinguere ciò che è *utile per noi* da ciò che non lo è: non importa se ciò in cui crediamo sia vero ed oggettivo, anche perché di oggettivo nella realtà c'è davvero poco. Conta solo ciò che funziona da ciò che non funziona, questo è il giusto spirito con cui rivoluzionare la nostra vita: è utile credere di essere timidi? O forse è più utile la convinzione di essere ottimi seduttori? Ancora, è utile pensare che con il linguaggio ipnotico possiamo sedurre chiunque? Certo che sì, perché solo in questo modo trasmetteremo al potenziale partner tutta la nostra sicurezza e la nostra determinazione. Abbiamo già visto che le convinzioni non sono realtà assolute, ma sono solo delle costruzioni mentali; costruzioni che possono essere demolite o costruite in pochi secondi attraverso i giusti riferimenti. Anthony Robbins con la metafora del tavolo, di cui abbiamo parlato all'inizio, vuole dire proprio questo: possiamo costruire la nostra convinzione semplicemente trovando i giusti sostegni. E allora pensiamo subito a delle volte in cui ci siamo sentiti affascinanti, riviviamole in ogni dettaglio e accediamo a quello stato d'animo: questi riferimenti bastano a costruire una solida convinzione che ci farà agire da ottimi seduttori e ci darà le risorse più adeguate a questa identità.

8.2 - Credere in se stessi

Credere in se stessi dipende certo in primo luogo dalle esperienze che ognuno di noi fa nella vita, dalle componenti fondamentali dell'esistenza, come l'amore dei genitori, l'ambiente in cui cresciamo, la scuola, gli amici, le persone che frequentiamo. Ma non è tutto qui: se il nostro carattere e la nostra autostima dipendessero solo da quello che ci capita giorno dopo giorno, il nostro futuro sarebbe più o meno segnato, così come anche il nostro presente. Ci sarà sicuramente capitato d'altra parte di conoscere persone che, nonostante abbiano avuto delle esperienze negative o delle condizioni di vita particolarmente difficili, siano comunque molto positive e propositive, serene e sicure di se stesse. Il punto è che il nostro destino non viene determinato in modo esclusivo dalle condizioni di vita: dipende piuttosto dalle *decisioni* che prendiamo o che decidiamo di non prendere, e soprattutto dal modo in cui vogliamo reagire nei loro confronti. Come abbiamo già detto, non esiste una realtà oggettiva ma solo un'interpretazione soggettiva degli eventi e delle situazioni, diversa per ognuno di noi: ciascuno possiede ed utilizza la sua mappa, cui ricorre per dare un senso piuttosto che un altro a tutto quanto gli accade. Ecco perché è importante ampliare la propria mappa, innanzitutto sperimentando una sempre maggiore flessibilità ed imparando così ad essere adattabili, vivendo poi esperienze diverse, aprendosi a possibilità e scelte sempre nuove. Allargare la nostra mappa significa in parole povere ampliare i propri orizzonti in numerosi e svariati settori ed ambiti.

Il destino dunque non è una strada già costituita, ma è un percorso sempre in costruzione che stabiliamo noi, giorno per giorno, attribuendo un certo significato alle nostre esperienze e interpretandole in un certo modo. Allora possiamo ritrovare serenità, fiducia e rispetto all'interno di noi stessi. E soprattutto possiamo gioire ogni giorno per le piccole soddisfazioni della vita, senza farci intimorire dalle paure o farci prendere dall'ansia. Un vecchio detto dice: "Come facciamo a mangiare un intero elefante? Semplice, un pezzo alla volta". Allora poniamoci dei grandi obiettivi, ma non dimentichiamo i micro obiettivi quotidiani, che sono quelli che ci regalano la soddisfazione e la serenità. Se invece non vi è un rapporto di causa/effetto immediato tra il singolo comportamento quotidiano e il nostro obiettivo, c'è il rischio di perdere motivazione e interrompere il nostro cammino, con l'ulteriore pericolo di convincerci che non siamo capaci di perseguire una meta. Pensiamo ad una dieta: l'obiettivo di dimagrire non è lontano, ma il rapporto causa/effetto non è dei migliori: se facciamo una bella corsetta la mattina, non vediamo immediatamente i risultati e si perde in motivazione; al tempo stesso, se mangiamo una bella fetta di torta, non ingrassiamo immediatamente e quindi la tentazione è alta, con il rischio di distruggere l'obiettivo che desideriamo raggiungere. Si dice che "non esistono persone motivate o demotivate, ma solo obiettivi motivanti o demotivanti": verissimo! Ed è proprio per questo che non dobbiamo mai perdere la motivazione per cui agiamo, altrimenti ci lasceremo trasportare dagli eventi e perderemo la rotta della nostra nave.

8.3 - Non esistono fallimenti

Volendo vedere le cose da questa angolazione, nessuna esperienza risulta essere totalmente negativa. Primo, perché se la persona che desideriamo non si lascia sedurre il problema potrebbe essere suo: forse è già fidanzata, forse non sta bene con se stessa, forse non vuole storie. Il problema non siamo noi. Secondo, anche se il risultato ottenuto non è quello che ci eravamo prefissati, abbiamo comunque tratto un insegnamento, una lezione; ed essa rappresenta un riferimento importante per continuare a progredire e a costruire il nostro futuro: si tratta comunque di un'opportunità per conoscere meglio noi stessi e le persone con cui ci relazioniamo. Un fallimento insomma non è altro che un risultato da cui possiamo ottenere un feedback: un ritorno prezioso di indicazioni importanti, in base alle quali correggere il tiro e riprovare raffinando la strategia.

E' davvero molto importante comprendere questa differenza: interpretando le cose in questo modo infatti, terremo lontana anche la paura. Essa viene generata dalla nostra insicurezza: insicurezza per il risultato, preoccupazione di non riuscire, timore del fallimento. A ben guardare non esistono fallimenti: "comunque vada sarà un successo", avremo lo stesso imparato qualche nuovo elemento che si rivelerà utile, perché sarà un prezioso riferimento per affrontare le successive situazioni con maggiore sicurezza e autonomia. In alternativa possiamo chiuderci in noi stessi, rafforzare le nostre convinzioni negative, continuare a credere che non siamo bravi seduttori. Come la mosca che rimane chiusa in una stanza e cerca di uscire dalla finestra: sbatte sul vetro una volta, sbatte sul vetro la seconda volta, sbatte sul vetro la terza volta. Non cambia strategia e si avvicina al suo destino: rimanere per sempre ai piedi della finestra per paura del cambiamento.

Noi invece dobbiamo darci da fare, imparare ogni giorno dai nostri errori e affinare le nostre tecniche di seduzione: come se stessimo al *timone di una nave*, ci dobbiamo dirigere verso i nostri obiettivi, adeguando il timone in base alle correnti, senza mai perdere la rotta. Si racconta che Thomas Edison, inventore della lampadina nonché detentore di migliaia di brevetti, fece oltre diecimila tentativi prima di costruire la prima lampadina. Diecimila fallimenti da cui non si lasciò mai vincere, diecimila esperienze che lo condussero a diventare uno degli inventori più celebri del secolo passato. Fiducia in se stesso e nelle proprie capacità: questo è quello che serve a ognuno di noi per conquistare la persona che tanto desideriamo e per decidere cosa vogliamo davvero per il nostro futuro. Definiamo subito i nostri obiettivi e le nostre mete di vita, senza paura di fallire: partiamo dai nostri desideri, abituiamoci ad esprimere i nostri sogni senza limitarci, come se avessimo a disposizione la bacchetta magica delle favole.

Solo dopo aver determinato una meta in modo preciso, allineandola con il sistema dei nostri valori di riferimento, saremo in grado di mobilitare nel modo più efficace tutte le nostre risorse e capacità in vista del suo raggiungimento: è necessario cioè organizzare tali risorse e capacità in una strategia precisa, in modo da essere in grado di passare presto all'azione e raggiungere così concretamente gli obiettivi che ci eravamo prefissati. Non dobbiamo soltanto stabilirli in modo razionale; è necessario crearcene una visione appetibile, arricchendola di tutti i particolari relativi alle tre modalità percettive di cui abbiamo già parlato: visivo, auditivo e cinestesico. Dobbiamo sognare a colori, visualizzando nei dettagli come saremo, come saranno gli ambienti, la nostra casa o il nostro futuro partner, che sensazioni proveremo; dobbiamo ascoltarci parlare, sentendo la nostra forza interiore e lasciando da parte tutte le preoccupazioni.

Un modo che viene consigliato spesso per stabilire quello che davvero vogliamo dalla vita, la cosiddetta *mission*, è immaginare il momento in cui non ci saremo più. Che cosa vorremmo fosse scritto come nostro epitaffio? Quali parole dovrebbero riassumere quello che siamo stati in vita? Proprio quelle parole rappresentano il nostro scopo di vita più vero, superiore ai singoli obiettivi e mete concreti: troviamo il tempo di fermarci un attimo a riflettere e stabiliamo chi davvero vogliamo essere nella vita. E' importante cominciare ad appropriarci da subito della nostra nuova identità, senza aspettare e rimandare, vivendola con emozione: essa deve rappresentare da una parte il piacere che nasce dalla soddisfazione dei nostri valori, dall'altra l'allontanamento da quelle cose che prima di allora ci avevano provocato dolore e inadeguatezza.

Un famoso detto recita "Avere una meta è importante, ma dopo tutto quello che conta è il cammino": questo vuol dire che dobbiamo comunque goderci il percorso, mantenendo serenità ed entusiasmo mentre inseguiamo i nostri desideri, rallegrandoci e gioendo per ogni piccola evoluzione e progresso nella giusta direzione. L'errore più comune in cui incappa la maggior parte delle persone è in effetti il rimandare la felicità al momento in cui verrà conseguito l'obiettivo, rischiando così di imbattersi in tanti fallimenti e di perdere motivazione: "Quando avrò un partner, starò bene. Mi sentirò meglio, non appena supererò l'esame". Ragionare in questi termini è tanto diffuso quanto poco produttivo: non bisogna procrastinare il nostro stato di benessere, dobbiamo imparare ad essere felici tutti i giorni, mentre muoviamo ogni singolo passo. Anche se non abbiamo ancora ottenuto quello che stiamo tentando di conseguire, avremo comunque imparato qualcosa di nuovo e acquisito nuove informazioni e abilità: bisogna trarre un insegnamento da ogni situazione, imparare sempre, ogni giorno, per accrescere e allargare i nostri orizzonti, facendo in modo che ogni esperienza contribuisca alla nostra crescita interiore. Questo vuol dire improntare la vita al continuo e progressivo miglioramento di se stessi e delle proprie condizioni; questo vuol dire che la fiducia in noi stessi possiamo costruirla da zero, ricordando che siamo tutti essere umani, che nessuno è perfetto e che non esiste un concetto oggettivo di perfezione. Cerchiamo in noi le nostre qualità primarie, che ci rendono unici e speciali: ricordiamoci che se una cosa è possibile per qualcuno, lo è anche per noi, perché gli essere umani, tranne rare eccezioni, sono tutti dotati delle stesse incredibili potenzialità.

8.4 - Affrontare le sfide

A maggior ragione nella sfera delle relazioni amorose non bisogna lasciarsi abbattere da un "no", averne una considerazione negativa o temerlo in modo eccessivo. Certo non fa mai piacere ricevere un rifiuto e sarebbe meglio non averne affatto, ma sarebbe utopistico pensare di non incontrarne prima o poi. Perciò è importante imparare a fronteggiarli in modo costruttivo, senza abbattersi né lasciare che compromettano il nostro umore e la nostra autostima. Sforziamoci perciò di pensarli in termini non di fallimenti, ma di esperienze di vita, comunque positive perché contribuiscono alla nostra crescita interiore e creano riferimenti utili per il nostro futuro. Meglio ancora, vediamoli come *sfide*: servono a stimolarci, permettono di correggere la nostra strategia, di non ripetere comportamenti inefficaci, guidandoci verso il traguardo della seduzione e del fascino.

Anche se siamo molto coinvolti, se proviamo emozioni forti e ci sentiamo attratti dal potenziale partner che ci ha detto di no, questo non deve tradursi automaticamente in una sofferenza sterile e fine a se stessa: dobbiamo volgerla a nostro favore, tirandone fuori il buono che in essa è contenuto. Anzi è corretto affermare, senza retorica, che esse costituiscono le esperienze più importanti, quelle che ci fanno crescere e che sono alla base della costituzione del nostro carattere. E' importante accettare il rifiuto con serenità e fiducia, senza soffermarci soltanto sul come e sul perché ci sia andata male. Ricordiamo anche tutte le occasioni in cui abbiamo suscitato interesse, abbiamo colpito e conquistato il potenziale partner: e guardiamo avanti consapevoli che grazie a questa temporanea sofferenza, domani saremo ancora più forti.

Tanto più che la seduzione non è l'asettico conseguimento di un obiettivo amoroso: è un processo attraverso cui ognuno di noi costruisce la propria personalità e cresce come persona. Conquistare qualcuno significa arrivare a condividere con lui particolari momenti della propria vita ed emozioni, quindi vivere insieme un certo sviluppo emotivo e far crescere la nostra identità in un certo modo piuttosto che in un altro. Ne deriva che ogni tentativo di seduzione ha comunque una sua ragione d'essere, una vita propria a prescindere dall'esito: anche se non è andato a buon fine, il ricordo di quell'esperienza non potrà mai cancellarsi.

Tempo fa una ragazza era stata lasciata dal suo partner dopo una storia molto importante e di lungo periodo. Non riusciva a darsene pace e trascorreva le giornate disperandosi e colpevolizzandosi per quello che era e per ciò che faceva, dal momento che entrambe le cose sembravano non interessare più al ragazzo che l'aveva appena mollata in un modo piuttosto brutale. Una domenica in particolare, il suo umore era particolarmente nero e per telefono non faceva altro che piangere e ripetere tra i singhiozzi "La mia vita è finita. Io amo solo lui, non voglio nessun altro accanto". A quel punto, un suo amico, dopo un'iniziale reazione di comprensione e sostegno, smise di assecondare la sua negatività, scuotendola con parole piuttosto forti. "Ci sono milioni di ragazzi là fuori che non aspettano che te, perciò ora ti trucchi, ti metti un bel sorriso, un bel vestito e usciamo, e guai a te se versi anche solo un'altra lacrima per lui". Proprio quel pomeriggio quella ragazza ha conosciuto la persona con cui ancora oggi convive e con cui ha deciso di condividere il resto della vita. Quale miglior prova del fatto che la fine può essere in realtà l'inizio di nuove opportunità? Ecco perché è molto importante allenarsi ad essere flessibili. Senza questa elasticità non saremmo mai in grado di riconoscere le possibilità che si nascondono dietro eventi anche negativi: il successo è sempre comunque la conseguenza di un fallimento, e per ottenere un risultato bisogna comunque affrontare una certa quantità di rifiuti. Accanto alla flessibilità, un'altra importante virtù che da ottimi seduttori dobbiamo possedere è la pazienza. Non dobbiamo forzare i tempi: in primo luogo perché non possiamo permetterci mai ed in alcun modo di interferire con la libertà del potenziale partner. Inoltre perché non sempre un "No" rappresenta un netto rifiuto: potrebbe essere in realtà una richiesta di tempo, dunque mascherare non un'incompatibilità, ma una paura di impegnarsi. Molto spesso la scintilla non scatta contemporaneamente tra i due partner, e uno dei due non si rende conto immediatamente della sua dipendenza emotiva per l'altro. Calma perciò è la parola d'ordine, lasciando che l'altro segua i suoi personali ritmi per maturare la consapevolezza di essere innamorato: soprattutto non bisogna mai dare un ultimatum, in quanto non avrebbe che l'effetto di allontanare il potenziale partner. L'unico modo consentito per forzare i tempi è di allontanarsi per primi, così da farci inseguire e creare un vuoto emotivo.

Quindi, in realtà, un insuccesso potrebbe rivelarsi tale solo al momento, e trasformarsi dopo un po' di tempo in successo.

Dobbiamo essere perseveranti, senza arrenderci mai: dobbiamo proseguire con la nostra strategia seduttiva, in modo coerente con i nostri sentimenti ed obiettivi, senza lasciare che eventuali battute d'arresto ci distolgano dall'ottenere il risultato desiderato. Sul momento perciò, dobbiamo accettare il rifiuto, facendo per così dire buon viso a cattivo gioco: ciò non significa che dobbiamo nascondere quello che proviamo, negando il nostro interesse e la nostra attrazione; anzi, dichiarare sinceramente i propri sentimenti anche se non corrisposti, significa mostrarsi sicuri di sé, e dimostra che teniamo al potenziale partner in modo disinteressato, a prescindere anche dalla possibilità di avere con lui una storia d'amore.

8.5 - Affrontare le paure

Quante volte il nostro tentativo di seduzione non è neanche cominciato perché avevamo paura? Paura di essere rifiutati, paura di metterci in mostra, paura di sentirci ridicoli. Sensazioni e stati d'animo che possiamo affrontare: per tutti quei momenti difficili e impegnativi, come può essere l'appuntamento critico con il nostro potenziale partner, è utile ritagliarsi un momento da dedicare a noi stessi, per attuare un esercizio di *rilassamento*:

strategia molto utile per rilassarsi nel giro di pochi minuti ogni volta che ne sentiamo la necessità.

Sediamoci in una posizione comoda ed escludiamo la possibilità di interruzioni ed interferenze, perciò spegniamo il cellulare e isoliamoci. Iniziamo a ricordare una certa situazione in cui ci sentivamo bene, in uno stato d'animo tranquillo e rilassato: dobbiamo rivivere l'esperienza a livello mentale, ma soprattutto rivivere le sensazioni di benessere e tranquillità ad essa associate; proviamo ad ascoltare i rumori che provenivano dall'ambiente, vedere le persone e le cose che ci circondavano. Chiudiamo gli occhi. Immaginiamo ora di trovarci su una scala sicura e salda, di cui iniziamo a scendere i gradini, contando da dieci ad uno. Proseguiamo la discesa, aumentando progressivamente la sensazione di relax e la nostra percezione di tranquillità interiore; arriviamo ad uno, raggiungendo la profondità maggiore. Ora, immaginiamo un piccolo acquario, con le bolle d'aria che salgono fluttuando verso l'alto: ognuna di queste bolle contiene un suono, una sensazione o un'immagine. Ogni bolla che sale e raggiunge la superficie rappresenta un pensiero che esce dalla nostra mente: lasciamole salire tutte, svuotando così la nostra mente. Restiamo in questo stato di rilassamento profondo per tutto il tempo che riteniamo opportuno: quello stato rappresenta il nostro punto di riferimento ogni volta che ci troviamo ad affrontare situazioni difficili. A questo punto possiamo contare da uno a dieci, uscendo progressivamente dal rilassamento e recuperando energie, vitalità, per sentirsi al meglio a livello fisico, mentale ed emozionale; al numero dieci siamo ormai svegli e quando ci sentiamo in grado, possiamo riaprire gli occhi. Questo esercizio ci fa sentire profondamente rinnovati, come se ci fossimo svegliati da un lungo sonno ristoratore. Nel caso in cui invece, avessimo necessità di neutralizzare ed allontanare delle emozioni nocive e dei riferimenti negativi del passato, possiamo ricorrere ad una seconda tecnica. Immaginiamo la nostra "linea del tempo", ovvero la linea che dal passato al futuro, rappresenta ed include tutti gli eventi della nostra vita. Proviamo a posizionarci sulla linea, all'altezza del punto in cui si trova l'esperienza che vogliamo superare perché negativa, che sia un mese, un anno o dieci anni prima. Restiamo al di sopra di questa esperienza, guardandola con distacco. Di quale risorsa avremmo avuto bisogno per affrontare al meglio l'evento? Formuliamola in termini positivi ed in modo soggettivo: "avrei voluto essere maggiormente flessibile, dovevo avere più autostima" e cosi via.

A questo punto ricordiamoci di una situazione in cui abbiamo utilizzato quella stessa nostra capacità, ad esempio l'ultima volta che siamo stati molto flessibili: ricordiamo precisamente tutti i particolari, di tutti i piani percettivi, visivo, auditivo e cinestesico, dunque immagini, suoni e sensazioni. Quando raggiungiamo l'intensità maggiore, stringiamo il pugno in modo da ancorare a questa stretta la nostra risorsa. Mantenendo il pugno serrato immaginiamo che la nostra risorsa assuma un colore: torniamo all'altezza dell'esperienza negativa e dipingiamola interamente con quella stessa tonalità. Prendiamoci tutto il tempo che riteniamo opportuno. Ora ritorniamo con la mente al presente e attraversiamo tutte le nostre esperienze in cui abbiamo provato quella emozione negativa: non dobbiamo fare altro che colorare tutta la nostra linea del tempo con la tonalità scelta prima. Immaginiamo quindi di agire anche sul futuro e di colorare allo stesso modo tutte le situazioni in cui riteniamo appropriato disporre della nostra potente risorsa.

Un'applicazione di questa tecnica molto utile per noi ottimi seduttori, potrebbe essere quella di creare un *ancoraggio* che ci permetta di sfoderare tutto il nostro fascino ogni volta che vogliamo sedurre una persona. Ci sarà sicuramente capitato un momento in cui ci siamo sentiti piuttosto affascinanti, perfettamente a nostro agio. Proviamo a chiudere gli occhi e rivivere quella sensazione: guardiamoci dall'interno, ma con gli occhi del nostro Io che si sente forte e sicuro, ascoltiamo con le sue orecchie la nostra voce interiore che ci dà la carica con tono determinato. Respirando profondamente, sentiamo la forza che ci batte nel petto. Di nuovo stringiamo il pugno e ancoriamo questo gesto alla sensazione di imbattibilità e risolutezza.

In questo modo, semplicemente ripetendo il gesto del pugno serrato, saremo in grado di riportare la determinazione nel presente e rivivere così istantaneamente tutto il nostro fascino seduttivo.

8.6 - Atteggiamento di distacco

Una presenza costante sempre al suo fianco, pronta ad ascoltare prima, a comprendere poi, a rassicurare quando necessario: ecco cosa siamo diventati per la persona che vogliamo conquistare, secondo i passi della seduzione efficace che abbiamo mosso fino a qui. Siamo una persona importante nella sua vita, siamo un amico su cui può contare: tuttavia, come canta un noto cantante italiano, se siamo amici di qualcuno non ci combineremo mai niente. Perciò c'è ancora qualcosa che dobbiamo fare, altrimenti il potenziale partner potrebbe anche non rendersi mai conto in modo cosciente dell'associazione ormai esistente tra noi e la soddisfazione delle sue esigenze emotive: proprio quella dipendenza emotiva che conduce all'innamoramento. Ecco perché dobbiamo prendere in mano la situazione, manca solo l'ultimo gradino affinché la nostra strategia seduttiva si concluda con la concretizzazione del rapporto: il distacco. Non è un paradosso. Per far capire alla persona che ci interessa quanto è legata a noi, quanto siamo importanti nella sua vita, quanto è innamorata di noi, dobbiamo momentaneamente fuggire. Nella nostra vita quotidiana esistono tantissime cose che ci sono necessarie: stiamo parlando sia degli oggetti più banali, dalla corrente elettrica all'acqua che esce dal rubinetto, sia di presenze umane: persone e rapporti importanti. Eppure quante di queste finiscono con l'essere date per scontate? Forse tutte, proprio perché sono delle costanti, talmente presenti da farci abituare alla loro esistenza. Ma proviamo un giorno a vivere senza luce o acqua, solo allora potremo capire quanto sono indispensabili.

Il procedimento è proprio questo, semplicemente trasportato nell'ambito delle strategie seduttive che stiamo portando avanti.

Solo quando non saremo più al suo fianco, il potenziale partner potrà capire fino a che punto siamo importanti per lui e prendere coscienza dei suoi sentimenti per noi: farsi desiderare è ancora il principale stratagemma se vogliamo conquistare qualcuno. Non che questa specie di fuga temporanea stia a significare che il potere, in una coppia, sta dalla parte di chi ama di meno, di chi è meno coinvolto. Anzi, tutt'altro. E' bene ricordare che proprio grazie alla *nostra capacità di amare* abbiamo creato la dipendenza emotiva che ora lega il nostro potenziale partner a noi. La differenza sta nel fatto che il destinatario del nostro amore sia consapevole di questi sentimenti, e soprattutto li rispetti: non possiamo certo prendercela se, nonostante tutti i nostri sforzi, quella persona non contraccambia il nostro interesse, se continua a considerarci soltanto un amico; fidato, importante, ma sempre e soltanto un amico. L'unico motivo per stizzirci sarebbe invece proprio una eventuale mancanza di rispetto verso i nostri sentimenti nei suoi confronti. Se si approfitta della nostra dedizione, se si prende gioco del nostro coinvolgimento, allora sì avremmo tutto il diritto di seccarci: certo, senza risultare offensivi o scadere nella volgarità; semplicemente sottolineando quanto sia sbagliato un tale comportamento da parte sua, e quanto possa eventualmente minare la stima che nutriamo nei suoi confronti. Quindi dobbiamo agire e vivere quotidianamente senza mostrare che la nostra vita dipende da un rapporto d'amore: noi andiamo avanti comunque, procedendo con i nostri interessi, i nostri legami, per la nostra strada.

Tempo fa, ad esempio, un gruppo di ragazzi si trovava in un pub. Vicino al bancone del bar, due del gruppo hanno visto un paio di ragazze: erano sole e parlavano tra loro, ed erano entrambe molto carine. Così si sono avvicinati, in modo risoluto e determinato, ma con il sorriso sulle labbra: hanno agito proprio come se non considerassero nemmeno la possibilità di fallire. Si sono presentati, hanno chiesto i loro nomi, preziosa informazione, e hanno iniziato a chiacchierare spigliatamente. Un vecchio detto, ancora validissimo, recita: "O le fai ridere... o le fai piangere!". Tra le due hanno preferito la prima opzione, cosi hanno sfoderato tutto il loro senso dell'umorismo e la loro simpatia. E così, facendole ridere, i due amici le hanno tranquillizzate e messe a loro agio: le barriere difensive delle due ragazze si sono abbassate, e si è creato subito un buon rapporto empatico. A quel punto hanno concentrato su di esse le loro energie seduttive, sono stati particolarmente galanti, e hanno fatto loro complimenti discreti, ma d'effetto: un complimento sincero è un ottimo strumento per colpire un'altra persona e lasciarle subito una impressione positiva.

A questo punto la maggior parte delle persone avrebbe concluso il tentativo di seduzione chiedendo alle ragazze il numero di telefono, o almeno cercando di strappar loro un appuntamento per il giorno dopo. I due invece hanno salutato le ragazze, le hanno ringraziate per la loro simpatia e disponibilità e se ne sono andati, senza niente in mano all'apparenza; tuttavia mentre si allontanavano, le ragazze li hanno richiamati, fermandoli: sono state loro stesse ad offrire il numero di cellulare, pregando i due ragazzi di richiamarle per un'uscita a quattro. La determinazione di quei due insomma è stata davvero ripagata.

In generale ogni locale è pieno di seduttori o presunti tali: persone disperate in cerca di una conquista facile, la prima che capita. Così i nostri potenziali partner vengono bersagliati da ogni genere di corteggiatori, alcuni anche molto assillanti: è importante allora mantenere un atteggiamento di distacco e autonomia, fosse solo per differenziarsi e per non risultare oppressivi. In poche parole, dobbiamo sempre trasmettere l'idea che siamo noi a decidere come e quando conoscere qualcuno.

8.7 - Atteggiamento fisiologico

Il nostro atteggiamento mentale è importante anche nella misura in cui viene trasmesso attraverso la nostra fisiologia. Rispondiamo ad una importante questione: quando stiamo per andare a conoscere la persona che ci interessa tanto, trasmettiamo davvero sicurezza e determinazione? Abbiamo le spalle larghe, lo sguardo alto e una respirazione calma e profonda? Stiamo pensando agli ultimi successi seduttivi che abbiamo avuto? Stiamo pensando "come mi comporterei se non esistessero limiti"? Oppure abbiamo per la testa le nostre limitazioni e i nostri ultimi insuccessi? Sembriamo persone impacciate, impaurite, prive di ogni sicurezza? Il nostro portamento e la nostra fisiologia rivelano tantissimo di noi e non possiamo permetterci errori ancor prima di iniziare la nostra sfida. Dobbiamo andare carichi, pronti all'azione, determinati a vincere. Se noi ci concentriamo sui nostri passati insuccessi e ci facciamo prendere da dubbi e paure, sappiamo bene come il nostro cervello si *focalizzerà* proprio sul fallimento, portandoci poi a realizzarlo. Se invece ci sentiamo sicuri di noi, ci soffermiamo sulle nostre strategie vincenti e ripensiamo ai grandi successi della nostra vita, automaticamente ci predisporremo al successo.

D'altra parte è innegabile che il nostro stato d'animo e le nostre sensazioni si riflettono e si ripercuotono sulle nostre espressioni, sulla postura del nostro corpo, sul modo in cui respiriamo: una persona depressa tiene gli occhi bassi e spenti, lo sguardo rivolto verso terra, un'espressione seria, la fronte corrugata, le spalle basse, una respirazione lenta e profonda. Un umore allegro e gioviale invece si accompagna ad uno sguardo vivace, teso verso l'alto, un viso solare e sereno, un'andatura sprintosa, respiri brevi e veloci, spalle dritte.

Questo legame è a doppio senso. Così come il nostro stato d'animo influenza la nostra esteriorità, allo stesso modo vale il rapporto inverso: i sentimenti e le emozioni possono essere condizionati dal modo in cui gestiamo il nostro stato fisico. Facciamo una prova, in un momento in cui ci sentiamo piuttosto giù o di malumore, proviamo a scuoterci facendo un paio di respiri profondi, raddrizzando le spalle e lo sguardo: vedremo da subito dei miglioramenti, sentendoci più allegri e riconquistando la serenità. Se siamo di pessimo umore insomma, e vogliamo cercare di cambiare stato d'animo, proviamo anche ad assumere comportamenti tipici di chi è di buon umore: canticchiare, sorridere, camminare eretti. Così facendo, senza neanche rendercene conto, il nostro stato d'animo si sarà come d'incanto trasformato. Probabilmente all'inizio e per le prime volte questa procedura ci sembrerà piuttosto forzata e probabilmente ci sentiremo innaturali, anche un po' in imbarazzo; ma una volta presa l'abitudine, supereremo questo normale momento di difficoltà e ricorreremo a questa strategia in modo automatico, quasi inconscio.

Questa considerazione centra un punto fondamentale relativo a questo tipo di riflessioni, cioè il rapporto esistente tra la sfera delle emozioni e quella dei comportamenti: sensazioni e fatti, interiorità e esteriorità, atti e pensieri. Sembrano due binari che procedono in parallelo, quindi destinati a non incontrarsi mai: da una parte l'aspetto emotivo è molto difficile da sottoporre, per sua stessa definizione, al controllo della volontà razionale. Dall'altra c'è il versante legato al comportamento concreto e manifesto, che è il risultato di una nostra decisione e quindi deriva dalla nostra volontà, dunque più direttamente controllabile e gestibile.

In realtà però la loro separazione è solo apparente. In ambito seduttivo questo vuol dire comportarci a livello manifesto come la persona che abbiamo intenzione di conquistare: quindi adottando la sua fisiologia, finiremo con l'essere in grado di provare sensazioni ed emozioni molto simili alle sue. E' quanto abbiamo già detto accadere con il *ricalco* degli atteggiamenti e delle posizioni del corpo di qualcuno: se ci abbandoniamo alla postura rilasciata, tipica dei momenti di tristezza, con gli occhi bassi e le spalle incurvate, sarà molto probabile assumere su di noi anche il relativo stato emotivo; se invece raddrizziamo le spalle, scuotendo la nostra fisiologia, sarà più facile ritrovare allegria e sprint. E' una specie di circolo: per comprendere meglio la persona che abbiamo intenzione di conquistare, dobbiamo essere in grado di provare le sue stesse sensazioni; e provare le stesse emozioni significa comportarci nella medesima maniera, e quindi capirla nel profondo del suo cuore.

8.8 - Atteggiamento positivo

Lo stesso tipo di legame è stato rilevato anche tra gli stati d'animo e il *vocabolario* che utilizziamo: le parole non sono solo delle etichette linguistiche neutre; la forma non è solo insignificante esteriorità, ma è contenuto essa stessa. Pronunciare una parola è molto di più che emettere un suono: significa visualizzarla e viverla emotivamente. Il nostro cervello infatti elabora le etichette linguistiche ed invia dei precisi stimoli sensoriali al nostro sistema nervoso, condizionandolo in una certa direzione piuttosto che in un'altra, ottenendo di conseguenza una congruente reazione a livello tangibile, emotivo e fisico. Un input di tipo verbale cioè finisce per tradursi in un determinato effetto neurologico. Ecco perché le parole non vanno lasciate al caso: è importante controllare in che modo ci esprimiamo, quali termini utilizziamo. Dobbiamo imparare a sfruttare questo legame a nostro vantaggio, acquisendo così la capacità di mantenere sempre al meglio il nostro stato emotivo: usare un linguaggio ed un vocabolario positivo significa condizionare il nostro stato d'animo verso sentimenti positivi. E questo non vale solo per noi, funziona anche nei confronti del potenziale partner: abbiamo già detto infatti che ricorrendo a parole con una connotazione positiva non solo ci sentiremo meglio noi, ma riusciremo anche a far vivere una migliore esperienza comunicativa a lui. Sfruttando termini e concetti positivi, lo costringeremo ad accedere al ricordo dello stato d'animo allegro legato a quella parola, anche solo per una frazione di secondo, per comprenderla e interpretarla, e così a riviverlo e ad associarlo alla nostra presenza. Ancora una volta possiamo tornare alla metafora del *jukebox* mentale, intendendo che attraverso le parole possiamo accedere a tutti gli stati d'animo e a tutte le esperienze che noi o il potenziale partner abbiamo vissuto nel corso degli anni: così come spingendo un pulsante possiamo accedere ai dischi e alle canzoni che abbiamo in archivio. In questo caso tuttavia cerchiamo di concentrarci su noi stessi e su come possiamo essere sempre carichi e motivati: ad esempio se siamo giù di morale, cerchiamo di evitare termini negativi o particolarmente forti. Invece di affermare "Sono molto arrabbiato." proviamo con "Sono piuttosto seccato". Non affermiamo di stare male, ma "Oggi non sto molto bene": basta davvero poco per rivivere emozioni potenzianti e tirarsi fuori da uno stato emotivo limitante. Un altro elemento da non sottovalutare in questo frangente è il principio di coerenza: mettiamo il caso che il nostro potenziale partner sia molto in ritardo al nostro appuntamento. Dicendo a noi stessi che questo contrattempo ci rende molto arrabbiati, per essere coerenti con quanto abbiamo affermato attueremo un atteggiamento fisico e mentale e dei comportamenti che sono quelli caratteristici della persona arrabbiata: metteremo il broncio, ci innervosiremo, andremo via a passo veloce e sbuffando. Abbiamo letteralmente costruito il nostro io arrabbiato, un'identità precisa che indossiamo specificamente per quello stato d'animo: è la stessa cosa che capita quando qualcuno afferma *"Io sono fatto così* e non posso cambiare"*. Affermare questo di se stessi è come vivere all'interno di un recinto, nel quale ci rinchiudiamo da soli: questo perché rimaniamo legati e prigionieri all'interno di un unico schema di noi stessi, comportandoci sempre in modo congruente a questa identità, limitandoci ad utilizzare solo alcune delle nostre risorse ed escludendo quelle che non si rivelerebbero in linea con la convinzione che abbiamo di noi stessi. "Io sono pigro": quante persone dicono questo di loro stesse. Non pensiamo forse che avere questa concezione di sé, quasi li obblighi a comportarsi sempre da persone pigre, impedendo loro di mettersi in discussione e decidere di modificare i loro atteggiamenti indolenti, con la scusa che tanto sono fatti così? In fondo è come attuare ogni volta una sorta di anticipazione del futuro: si dicono di non essere persone attive, di conseguenza immaginano che cambiare sarebbe troppo difficile e faticoso per loro, anzi probabilmente si immaginano già di non riuscire affatto. Dunque tanto vale restare come sono senza provare a modificarsi, giustificandosi e nascondendosi dietro al "sono fatto così". La verità è che sono davvero poche le cose di noi che non possiamo cambiare. Tutto dipende da quanto desideriamo il cambiamento e da come mobilitiamo le nostre risorse per ottenerlo: ogni volta che affermiamo con forza qualcosa di noi stessi, ricordiamoci che stiamo escludendo la possibilità di essere moltissime altre cose diverse da quella, che stiamo cioè ponendo da soli un limite alle nostre infinite potenzialità. Apertura al cambiamento, sicurezza, autoironia e umorismo: se dosati con intelligenza sono queste le armi più potenti che abbiamo a disposizione.

Per Approfondire: <u>Videocorso PNL</u>

Conclusione

Ottimi seduttori in azione!

In queste pagine abbiamo parlato di potere personale, di persuasione ipnotica, di comunicazione efficace, di ascolto attivo, di rapporto di sintonia, di autostima e leadership, di motivazione, di credenze che hanno il potere di potenziare ed amplificare i nostri risultati e le nostre capacità. E poi naturalmente di strategie di seduzione, di tecniche con cui affascinare e farsi apprezzare dalle persone. Arrivati alle ultime pagine del libro, quindi abbiamo in mano tutto quanto ci serve per iniziare la nostra carriera di *ottimi seduttori*. Adesso dobbiamo passare all'azione. Solo l'azione, motivata ed energica, ci consente di imparare davvero queste tecniche, di renderle parte integrante della nostra personalità. Solo l'azione continua e costante può migliorare il nostro atteggiamento mentale.

Ora non sappiamo se acquisiremo queste tecniche entro poche settimane, o qualche giorno, o forse in poche ore, semplicemente dormendo stanotte e lasciando lavorare il nostro inconscio. Magari ci sveglieremo domattina con un atteggiamento mentale completamente nuovo ed esplosivo. L'importante è che continuiamo a fare tanta pratica, così che queste tecniche possano diventare una parte automatica della nostra personalità. Immaginiamo un pugile che segue un corso e impara tutte le tecniche della boxe; deve fare molta attività prima di poter pensare di fare le gare. Non può appendere i guantoni al chiodo, bensì deve allenarsi costantemente e in ogni occasione, solo così potrà affrontare le sue sfide. Allo stesso modo noi dobbiamo uscire di casa e dare il massimo di quello che abbiamo appreso, ogni volta che ne abbiamo occasione.

E quando qualche amico accuserà le nostre tecniche di eccessivo tatticismo, e ci dirà che esse sono solo dei metodi poco seri con cui prendersi gioco di qualcuno, manipolarlo quasi, è importante ribadire che non solo non è così, ma è proprio l'esatto contrario. La comunicazione efficace, il ricalco e la guida, l'ascolto attivo, e tutte le altre tecniche di cui abbiamo parlato, fanno parte di un approccio di grande rispetto e comprensione nei confronti del prossimo. Rispetto per la diversità altrui, diversità di valori, di ideali, di obiettivi di vita; rispetto per l'altrui modo di interpretare e reagire agli eventi della vita. L'obiettivo reale è costruire con la persona che desideriamo una relazione significativa, basata su un tipo di comunicazione piena, su una comprensione reciproca più profonda, sulla conoscenza delle sue esigenze, necessità, fragilità.

Non c'è seduzione né conquista senza il rispetto per l'altra persona, senza riconoscerne ed apprezzarne le qualità specifiche di essere umano unico, speciale, e a modo suo straordinario. Sono strategie del tutto sane: si tratta di abitudini, comportamenti e tecniche semplici, utilizzabili da chiunque, in molteplici contesti e situazioni, per entrare in rapporto prima e meglio con ogni tipo di interlocutore; e che rendono più facile trasmettere e condividere con gli altri il proprio mondo interiore.

Proviamo ad utilizzarle quotidianamente: nel giro di poco tempo sapremo apprezzare gli altri molto di più, riconoscendo il loro valore unico. Soprattutto sapremo offrire sempre un'attenzione completa ed effettiva ai loro problemi e difficoltà, senza giudicarli o rimproverarli in base ai nostri valori. Si tratta di acquisire capacità che, a ben guardare, vanno oltre le sole abilità seduttive: sono capacità che hanno a che fare con quella qualità che sembra il vero e solo asso nella manica con cui sopravvivere ed avere successo in questo terzo millennio mutevole e basato sul cambiamento continuo: la flessibilità, ovvero il sapersi adattare in armonia con la variabilità degli scenari, delle situazioni, delle persone. Meglio ancora poi se si riesce a condirla con una buona dose di autostima: saremo così in grado di apprezzare l'altra persona esattamente per quello che è, senza chiedergli di modificare la sua vita o le sue abitudini, senza forzarla al cambiamento di se stessa. Coinvolgimento e distacco; condivisione ed autonomia: associazioni all'apparenza prive di significato. In realtà gli unici ingredienti grazie ai quali potremo trasformarci per qualcuno nel *principe azzurro* di cui sono popolate la maggior parte delle favole che si raccontano ai bambini. Ed iniziare così la nostra favola: sognare insieme, condividere gioie, dolori, emozioni ed esperienze a fianco della persona che desideriamo.

Buona seduzione!

Giacomo Bruno

www.ingramcontent.com/pod-product-compliance
Lightning Source LLC
LaVergne TN
LVHW010313200726
843507LV00010B/1217